KB016418

나는 스스로 자존감을 결정한다

최용천 지음

『나는 스스로 자존감을 결정한다』

2장. 공동체 인간관계론이란

: 우리는 공동체 안에서 규정된다

3장. 좋은 공동체를 선택하라

: 좋은 공동체에는 좋은 규율과 좋은 리더가 있다

인간관계, 당신 잘못이 아니다

많은 사람들이 인간관계 문제로 고통을 호소한다. 전문가들은 우울증 등 정신과 질환 원인 대부분이 인간관계 문제에서 비롯된다고 말한다. 그 때문일까. 시중에는 '관계로부터 상처받지 않는 방법', 혹은 '나의 가치를 지키기 위한 관계의 기술' 등 인간관계 문제와 관련된 책들이 많이 나와 있다.

　이러한 책들의 공통점은 우리에게 어떤 변화를 요구한다는 것이다. 그런데 '사람은 고쳐 쓰는 게 아니다'라는 말이 있는 것처럼, 우리가 변화한다는 건 그리 간단한 문제가 아니다(심지어 쉽게 변하지 않는 스스로를 돌아보다 지쳐 자존감이 되려 낮아지기도 한다). 우리에게 변화를 요구하는 관점들은 우리가 무언가 잘못되었음을 전제로 하고 있다. 나는 그런 그들에게 이런 말을 건네고 싶다. '우리는 아무런 문제가 없다'라고.

그동안은 우리의 자존감을 무너뜨리는 '인간관계 문제'를 심리학 또는 정신분석학적으로 조명했다면, 나는 사회학적 관점으로 그 해답을 찾으려고 노력했다. 인간관계 문제는 결국 개인의 문제에 국한된다기보다는 사회적 관계 속에서 발생하는 경우가 대부분이기 때문이다. 앞으로의 글은 우리가 타인과 어떻게 관계를 맺는지, 그 관계가 우리 개개인에게 어떤 영향을 미치는지, 그리고 그 안에서 우리가 고통받는 이유는 무엇인지에 관한 이야기다.

대한민국은 명과 암이 명확한 나라다. OECD 9위의 경제 대국임에도 극단적 선택에 의한 사망률이 1위이기 때문이다. 이러한 극단적 선택의 원인 대부분은 생명의 가치를 낮게 인식하는 것에서 비롯된다고 볼 수 있다. 그 인식의 큰 요인이 바로 '인간관계'이다. 인간관계 안에서 매겨지는 평가에 의해 우리 스스로가 느끼는 가치는 높아지기도 하고 낮아지기도 하는데, 이때의 평가가 우리가 삶을 건강하게 영위해 나가는 데 큰 역할을 하기 때문이다.

행복은 스스로 삶의 가치를 깨닫는 순간부터 찾아온다. 삶의 가치를 부정하고 저평가한다면 결코 행복할 수 없을 것이다. 우리 삶의 가치는 누가 결정하는가? 그리고 어떠한 원리에 의해서 결정되는가? 나는 이 책을 통해 우리 삶의 가치가 어떻게 결정되는지, 그리고 우리는 자신의 삶의 가치를 어떻게 지켜내고 보호할 수 있는지 근본적인 이야기를 다루고자 한다.

나는 우리 사회가 인간관계 문제를 바라보는 새로운 관점을 수용하고 타인뿐만 아니라 스스로에 대해서도 좀 더 관대한 마음을 가질 수 있기를 희망한다. 그렇게 나를 둘러싼 가족과 지인, 내가 속한 공동체, 더 나아가 우리 사회 전체가 더 행복해질 수 있기를 기대한다.

1장

우리는 왜 극단적 선택을 하는가

자살, 이제는 좀 더 근본적 원인을 찾아야 할 때

비보를 듣다

벚꽃이 만개한 어느 따뜻한 봄날, 전화벨이 울렸다. 별 생각 없이 전화를 받았는데 수화기 너머로 들려온 내용은 충격적이었다. 내가 아끼고 좋아했던 A가 사망했다는 소식이었다. 당시 A는 세상을 향해 날개 한 번 제대로 펼쳐보지 못한 꽃다운 나이였다. 앞길이 창창한 나이였기에 A의 죽음을 믿을 수 없었다. 나를 더욱 충격에 빠뜨렸던 소식은 그가 스스로 목숨을 끊었다는 것이었다.

A가 떠나기 전 겨울, 나는 작은 회사를 설립했다. 마

음 맞는 인원 몇몇이 모여 시작한 스타트업 회사였다. 허망하게 세상을 떠난 A는 그 당시 경쟁사 시스템을 분석했던 초창기 창업 멤버였다. 전화기 너머로 소식을 접한 나는 머리를 한 대 얻어맞은 기분이 들었다. 믿을 수 없었다. 아니 믿고 싶지 않았다. 그는 비록 외향적 성격의 소유자는 아니었지만 어떤 컴퓨터 게임은 전국에서 손에 꼽을 정도로 잘했다. 또한 천재 소리를 들을 만큼 과학을 좋아하고 또 잘했었다. 살면서 남들에게 싫은 소리 한번 못했던, 그저 착하기만 한 사람이었다. 그랬던 그가 왜 그런 선택을 해야만 했을까.

　나는 A의 입장이 되어 생각하기 시작했다. A의 입장에서 살아왔던 세월을 되짚었고 그가 느꼈을 감정들을 이입하며 생각했다. A가 스스로 목숨을 끊은 이유를 찾고 싶었다. 무엇이 그토록 힘들게 한 것일까. A가 그러한 선택을 함으로써 그의 가족뿐만 아니라 A를 아꼈던 사람들이 겪을 고통이 너무나 클 것이 자명한데 왜 그런 선택을 한 것이었을까. 나는 되뇌고 또 되뇌었다. 어떤 날은 고통스러움에 몸부림쳤고, 주변인들이 의례 겪는 것처럼 죄책감에 사로잡혔다.

또 다른 비보

　내가 더 고통스러웠던 것은 나의 주변인의 자살이 A가 처음이 아니라는 것이었다. 철없고 호기심 충만했던 어린 시절, 혈육처럼 함께 지냈던 B가 있었다. 외동아들이었던 나는 B를 친형제처럼 여겼고 B 역시 나를 똑같이 대했다. 우리는 함께 자전거를 타고 온 동네를 탐험했다. 비가 오는 날에도, 눈이 오는 날에도, 심지어 태풍이 불 때도 비바람을 즐기며 자전거를 함께 탔다. 용돈을 모아 문구점에서 비비탄총을 샀고, 마을 뒷산에 올랐다. 산비둘기, 까마귀를 잡기 위해 마치 사냥꾼이라도 된 것처럼 산속 곳곳을 누볐다. 당시 우리는 산을 하나 넘어 시립공동묘지에 자주 가곤 했다. 그곳에는 성묘객들이 버리고 간 유리병이 잔뜩 있었는데, 용돈을 넉넉히 받지 못했던 우리는 마대를 들고 가서 유리병을 모아 용돈을 벌기도 했다. 그 돈으로 평소 사 먹지 못했던 과자를 실컷 사 먹

었고 문구점, 오락실에서 원 없이 게임을 했다. B와 함께
했던 날들은 소박하지만 더 없이 행복했던 날들이었다.

매미가 찢어지게 울기 시작할 때쯤이면 연례행사인
것처럼 우리는 마을에 있는 강가에 수영을 하러 갔다. 그
때 배운 수영법 덕분에 성인이 되어서도 나는 물과 관련
된 레저 스포츠를 좋아하게 되었다. 우리는 때때로 축축
하게 젖은 팬티를 입고 집에 복귀하는 것이 싫어서 부끄
러운 것도 잊은 채 팬티마저 벗어 던지고 함께 수영을 했
다(지금은 절대 그러면 안 되지만 그때는 어렸기에 가능한 일이었
다). 우리에게 그 강은 에덴동산 같은 곳이었다. 그 순간
에는 현실의 모든 고통을 잊을 만큼 행복했다.

그때 나는 다짐했다. 비록 지금은 용돈을 벌기 위해
공동묘지에서 병이나 주워 팔고 있지만 성인이 되면 반
드시 성공해서 B에게 맛있는 음식도 실컷 사주고, 어릴
적 돌아다니던 동네를 벗어나 다른 지역에도 함께 놀러
다니기로. 그렇게 신나게 인생 즐기면서 살 거라고 다짐
했다.

성인이 되어 B와 나는 각자 세상 속에 적응하며 사느라 바빴다. 우리는 사회인으로서 떳떳하게 살기 위해 몸부림치며 사느라 자주 만나지는 못했지만, 바쁜 와중에도 나는 종종 B를 생각했다. 어릴 적 함께 놀던 기억을 떠올리며 꿈에서라도 만나길 늘 그리던 B였다. 그렇게 시간이 흐른 뒤 그리웠던 B를 다시 만나기 위해 찾았을 때 B는 이 세상에 없었다. 20대의 꽃다운 나이를 영원히 간직한 채 B는 스스로 세상을 떠났다.

A와 B 모두 내가 아끼고 사랑했던 사람이었다. 그런 그들이 이렇게 허망하게 먼저 세상을 떠날 거라곤 전혀 생각하지 못했다. 그 후로 나는 누군가와의 관계 속에서 '나중에'라는 말을 하지 않으려고 한다. 아끼는 사람이 있다면 지금 이 순간 시간을 함께 보내는 것이 현명한 행동이라는 것을 그때 깨달았다.

나는 A와 B가 스스로 세상과 이별하는 것을 그저 지켜만 봐야 했다. 아이러니하게도 군에서 장교로 복무하던 시절, 나는 부대 내에서 자살 예방 교육을 담당했던 교관이었다. 그러나 이러한 사실은 A와 B에게 아무런 도움이 되지 않았다. 자책감은 내 온몸을 감싸 안았다. 고뇌와 비통한 마음에 사로잡혀 있는 시간이 지속되자 어느 순간 두려움이 엄습해 오기 시작했다. 내가 사랑하는 또 다른 사람들도 예외가 되지 말라는 법은 없었다. 나는 다짐했다. 다시는 내 주변에서 이러한 일이 발생해서는 안 된다고. 그렇게 나는 이 책을 쓰기 시작했다.

'자살 공화국'이라는
안타까운 현실

　　송혜교(문동은 역) 주연의 넷플릭스 드라마 「더 글로리」
가 한창 인기를 끌었다. 드라마 내용을 간추리면 다음과
같다. 주인공 문동은은 박연진을 주축으로 형성된 또래
아이들 몇 명으로부터 지속적인 학교폭력을 당한다. 문
동은이 학교폭력의 대상자로 지목이 되기 전엔 윤소희
가 학교폭력의 대상자로 지목되어 괴롭힘을 당했는데,
어느 날 윤소희는 건물 옥상에서 떨어져 사망한다. 이후
박연진과 그의 그룹은 사망한 윤소희를 대체할 사람으
로 문동은을 지목했고 그렇게 괴롭힘을 당하던 문동은

도 자살을 시도한다. 그러나 자살에 실패한 문동은은 마음을 고치고 자퇴를 결심한다. 그 후 자신을 괴롭히던 공동체의 리더였던 박연진에게 복수하기 위해 자신의 일평생을 바친다.

내가 고등학생이던 시절에도 청소년들의 자살 문제로 인해 사회 전체가 떠들썩했던 적이 있었다. 그즈음 TV에서 '왜 청소년들이 자살을 많이 하는가?'라는 주제로 사회 오피니언 리더들이 토론하는 장면을 봤다. 그중 한 패널은 일본의 왕따 문화를 지적했다. 그 당시 또래 아이들 사이에서는 일본의 순정만화를 보는 것이 유행처럼 번졌는데 그때 일본의 왕따 문화인 '이지매' 문화가 일본문화 열풍을 타고 국내에 침투했다는 의견이다. 또 다른 패널은 조금 다른 관점에서 자살 문제를 설명했다. 청소년들이 자신이 왕따가 되는 것을 막기 위해 다른 친구를 왕따의 타겟으로 삼으면서 이 왕따 문화가 심각해졌고, 동시에 청소년 자살률이 급증했다고 주장했다. 이유가 어찌되었든 과거부터 지금까지 청소년 자살률은 심각한 수준이다. 안타깝게도 수년째 우리나라 청소년 사망의 가장 큰 원인은 극단적 선택, 즉 자살이다.

대한민국의 자살률은 2020년 기준, 인구 10만 명당 25.7명으로 세계 1위이다. 사실 스스로 목숨을 끊는 자살에도 종류가 있다. 최근 논란이 되고 있는 존엄사, 의사 조력 자살, 안락사 등 삶의 마지막 순간에 환자가 스스로 고통을 덜기 위해 죽음을 선택하는 것 또한 자살에 해당한다(여전히 찬반 논란이 있지만 이러한 죽음을 옹호하는 사람들도 더러 있다).

내가 이 책에서 문제 삼으려는 죽음은 스스로 비관한 나머지 삶을 포기하는 종류의 자살이다. 이와 같은 선택을 하는 사람들이 생각 이상으로 많다. 아끼는 A와 B를 허망하게 떠나보낸 나의 가슴 아팠던 일뿐만 아니라 내 주변에서도 이와 비슷한 수많은 사례들을 쉽게 접할 수 있었다. TV에서 대중으로부터 크게 인기를 끌었던 연예인들이 스스로 목숨을 끊는 일도 어느덧 우리 사회에 빈번히 일어나는 일 중 하나가 되었다.

자살, 이제는
좀 더 근본적 원인을 찾아야 할 때

　　2019년 12월 중국 후베이(湖北)성 우한(武漢)시에서 원인불명의 집단 폐렴이 발병했다. 이후 이 집단 폐렴은 중국 전역은 물론 주변 아시아 국가와 북미 등으로 감염세를 확산하였고 향후 이를 코로나19라고 칭했다. 2020년 1월 30일, 세계보건기구(WHO)는 코로나19에 대해 '국제적 공중보건 비상사태(PHEIC)'를 선포했다.

　　2021년 여름, 나 또한 코로나19에 감염되었다. 확진을 확인한 뒤 지역 보건소에 신고했는데 당시 이미 확진자가 너무 많았던 터라 증상이 심하지 않으면 가정에서 격리 치료할 것을 권고받았다. 고민 끝에 집에서 격리 치료하기로 결정했고 보건소에 치료 약만 따로 받을 수 있는지를 물었다. 그런데 예상 밖의 답변을 들었다. '집에 타이레놀 약이 없느냐'는 것이었다. 그러니까 코로나19 완치를 위해서는 6시간 단위로 타이레놀 약을 먹는 것 외에 다른 치료 약이 없었다. 나는 이 사실에 매우 놀랐다.

　코로나를 앓아본 사람이라면 나와 같은 감정을 한 번쯤은 느꼈을 것이다. 대부분이 바이러스를 직접 제거할 수 있는 치료제를 기대했을 것인데 그런 약이 없었으니 말이다. 물론, 바이러스 증식을 억제하는 약물 항바이러스제가 코로나 치료제로 허가받아 쓰이는 경우도 있었다. 그러나 이는 고연령, 중증 환자 등 특수한 경우에만 해당하는 치료법이었다. 결국 나는 증상 완화를 위한 대증요법으로 수 시간 단위로 타이레놀을 먹으며 5일을 지냈고, 그 후 큰 통증 없이 코로나19를 이겨낼 수 있었다.

　갑자기 코로나19 이야기를 꺼낸 이유는 '우울증'이라

는 병에 대한 이야기를 하기 위해서이다. 정신과 의사들은 자살 충동 원인의 대부분으로 '우울증'을 꼽는다. 보통 우울증을 앓는 환자들은 정신과 상담을 통해 우울증 진단을 받으면 심리상담과 더불어 우울증 약을 복용하게 되는데, 나는 이 치료 방법이 우울증을 해소해주는 궁극적인 방법인지에 대해 의문을 제기하고 싶다(심리상담과 약물 치료의 효과를 부정하는 것은 아니다).

전염병은 언제든 발생할 수 있다. 2002년 사스(중증급성호흡기증후군), 2009년 신종플루엔자A, 2015년 메르스(중동호흡기증후군)에 이어 2019년에는 코로나19가 발생했다. 일시적으로는 대증적 치료를 통해 병이 나은 것 같은 효과를 얻을 수 있지만, 병을 이길 수 있는 체력 등의 면역력 자체를 높여주는 근본적인 해결책이 없다면 언제든 그 병을 다시 얻을 수 있다.

우울증 치료 역시 심리상담과 약물치료에 의한 우울증 치료법보다 더 근본적인, 우리 마음의 면역력을 높여주는 등의 방법이 필요하다고 나는 생각한다. 궁극적인

치료를 위해서는 우선 우울증의 원인을 잘 살펴야 하며,
이를 통해 좀 더 나은 해결책을 제시할 수 있어야 한다.

자존감,
스스로의 가치에 대한 확신

　모 유튜브 채널에서 한 정신과 의사는 우울증의 근본적인 원인이 '인간관계에서 오는 스트레스 때문'이라고 설명했다. 직장인을 대상으로 '직장생활의 가장 큰 어려움'에 대한 설문조사를 하면 매년 부동의 1위를 차지하는 답변이 바로 '인간관계'이다. 많은 사람들이 다른 사람과의 관계 속에서 고통을 느낀다는 것이다. 인간은 사회적 동물이라는 말이 있듯, 우리가 다른 사람과 함께 생활하는 것은 사실 너무나 당연하고 평범한 일상이다. 그런데 왜 그 평범한 일상이 우리를 괴롭히는 걸까.

'인간관계'가 대체 무엇이길래, 그 안에서 과연 어떤 일이 벌어지길래 우리는 괴로움을 느끼는 것일까. 지금부터 나는 이 '인간관계'에 관한 이야기를 심도 있게 해보고자 한다. 우선 그 전에 먼저 알아보아야 할 개념이 하나 있다.

그것은 바로 자존감이다. 사전적 용어에 따르면 자아존중감(自我尊重感, 영어: self-esteem)은 '자신이 사랑받을 만한 가치가 있는 소중한 존재이고 어떤 성과를 이루어낼 만한 유능한 사람이라고 믿는 마음'을 뜻한다. 나는 이것을 '스스로를 가치 있게 여기는 정도'로 쉽게 표현하고 싶다.

자존감의 개념은 종종 자존심과 혼동되어 쓰이곤 하는데, 이 둘은 차이가 있다. 자존감과 자존심은 자신에 대한 긍정이라는 공통점이 있지만, 자존감은 '있는 그대로의 모습에 대한 긍정'을 뜻한다면, 자존심은 '경쟁 속에서의 긍정'을 뜻한다.

인간관계 문제로 고통을 호소하는 사람들과 대화를

나누어 보면 '나는 자존감이 낮다', '우울감을 느낀다'와 같은 표현을 많이 한다. 스스로 자신의 가치를 낮게 평가하면 우울감이 드는 것은 당연하다. 즉 우리가 우울감을 느끼는 것은 스스로 자신의 가치를 낮게 여기기 때문인데 이는 대부분 인간관계 문제에서 기인한다. 그렇다면 우리를 괴롭히는 인간관계 유형에는 어떤 것들이 있을까? 다음의 예시를 한번 살펴보자.

자존감은
관계 속에서 결정된다

사례1: 장군의 꿈을 포기한 김장교

　어느 날 오래전부터 알고 지내던 동생 김장교로부터 전화를 받았다. 엊그제 대학생이 된 것 같았는데 어느새 졸업반이 된 김장교는 곧 소위로 임관한다는 소식을 전했다. 그는 장군이 되기 위해서 편한 병과를 포기하고 보병을 선택했다고 했다(장교들은 다양한 보직을 선택하여 야전으로 발령받을 수 있다. 교육을 담당하는 정훈, 군경찰 역할을 하는 헌병, 그 외에도 수송, 통신, 포병 등 다양한 병과가 있는데 이 중에서 가장 힘든 병과로 보통 보병을 꼽는다. 힘들지만 그만큼 진급의 기회가 많은 병과이기도 하다). 나는 그런 그의 꿈을 응원해 주었고 진심으로 그가 잘 되기를 바랐다.

그러던 어느 날 장교가 되어 군 생활을 마냥 잘하고 있는 줄 알았던 김장교에게서 다시 전화가 왔다. 갓 장교 계급장을 달고 신나 하던 그의 목소리와는 상반된 분위기였다. 야전 생활이 쉽지만은 않은 것을 알았기에 어느 정도 예상은 했었지만, 혹시나 하는 마음에 나는 그에게 부대 생활에 문제가 있느냐며 물었다. 그는 초군 반(OBC) 교육을 마치고 부대에 발령받아 생활하고 있는데 장기 복무를 하는 것을 좀 더 고민해 봐야겠다고 했다. 얼마 전까지 장군이 되려고 일부러 힘든 병과인 보병을 선택했다며 포부를 전하던 그가 장기 복무를 포기한다니? 놀란 마음에 그에게 다시 한번 부대에서 어떤 문제가 생겼는지를 물었다. 그러나 그는 말하기를 꺼렸다. 대체 무슨 일이 있었길래 장군을 꿈꾸던 네가 장기 복무조차 포기하려는 건지, 또다시 그에게 물었다. 그러자 그는 힘들게 이야기를 꺼내기 시작했다.

군대에 가본 사람들이라면 알겠지만 군대 간부계급

중에는 장교계급과 부사관 계급이 있다. 군대의 계급체계에 따르자면 장교계급은 부사관들의 지휘통제권을 가지고 있으므로 서열상 부사관 계급보다 더 높다고 할 수 있다. 하지만 실제 야전 현장에서는 군 생활 경력이 오래되고 경험이 풍부한 나이 많은 부사관들이 다수 존재한다. 반면에 신임 장교들은 대학을 갓 졸업한 사회초년생들이 대부분이다. 그로 인해 실제 야전 현장에서는 장교와 부사관 간의 보이지 않는 기 싸움을 심심치 않게 볼 수 있다. 그들은 지휘통제 체계는 확실하게 군법에 따르지만, 서로 존대를 하는 등 인격적인 범위를 침해하지 않으려고 서로 노력한다.

실은 김장교는 전부터 이 문제로 고민하고 있었다. 야전부대에 오기 전 4개월간의 교육을 받을 당시 교관에게 이 문제에 대해서 질문했는데 그때 교관으로부터 중사까지는 반말해도 괜찮다는 답변을 들었다고 했다.

개인적인 생각이지만, 여러 상황을 염두에 두지 않고 무조건 반말해도 괜찮다는 모 교관의 답변은 다소 위험

요소가 있다고 본다(중사 중에도 군 생활 경험이 풍부하고 나이가 많은 사람이 존재할 수 있기 때문이다. 사실 장교와 부사관들 간의 이 문제는 오랜 논란거리이다. 과거 '장교들의 부사관에 대한 반말 지시는 인격권 침해가 아니다'라는 육군참모총장의 말이 국가인권위원회에 사안으로 올라갈 정도로 논란이 된 적도 있다). 추측건대 당시 교관은 오래전부터 반복되던 관행에 대한 질문에 원론적인 대답을 한 것 같다. 결국, 김장교는 배운 그대로 야전 현장에서 중사들에게 당당하게 반말로 지시를 내렸다고 한다.

"XXX 중사, 소대 병력을 00시 00분까지 전원 집합시키게."

그러나 김장교는 부대 내 간부들 사이에서 이상한 기운을 감지해야만 했다. 본인은 배운 대로 실천을 했을 뿐이었겠지만 그 발언은 간부들로 하여금 "나이도 어린놈이 X가지가 없다."라는 말을 듣기 충분했다. 아니나 다를까 김장교는 부대 간부들, 특히 부사관들과의 사이에서 관계 문제를 겪게 되었다. 그는 힘들어했고, 오랫동

안 자신이 꿈꿔왔던 장군이라는 꿈마저 포기하려 했다.

사례2: 신도시 엄마들의 장벽

　5살 난 아들을 둔 나엄마는 최근 신도시로 이사를 했다. 나엄마는 이사한 곳에서 새로운 친구를 사귀고 싶은 마음도 있었지만, 그보다 자신의 아들이 새 친구들과 잘 지내길 바랐다. 그런 마음으로 동네 놀이터에 아들을 데리고 나갔다. 그곳에는 자신의 아들과 또래로 보이는 아이의 엄마들이 있었고, 그들은 이미 오랜 시간 알고 지내 막역한 사이처럼 보였다.

　나엄마는 아들이 또래 친구들을 사귀는 것에 도움이

되고자 용기를 내서 그들에게 먼저 다가갔다. 엄마로서 솔선해서 새로운 사람에게 다가가는 모습을 보여주고 싶었기 때문이었다.

"안녕하세요, 이번에 ○○동으로 이사 온 나엄마입니다."
"아, 네. 안녕하세요."

나엄마의 용기가 무색하게 그들은 형식적인 인사를 건넬 뿐 나엄마를 자신들의 무리에 받아줄 마음이 없어 보였다. 나름대로 좋은 학교를 나오고 대학원까지 마치며 성실하게 살아온 나엄마이지만 시큰둥한 엄마들의 태도에 큰 상처를 받았고 자존심도 많이 상했다.

나엄마는 어색한 분위기를 뒤로한 채 자신의 아들이 뛰어노는 놀이터를 바라보았다. 놀이터에는 다른 엄마들의 자녀로 보이는 아이들이 킥보드를 타며 신나게 놀고 있었었다. 그런데 나엄마의 아들이 다가가자 아이들은 마치 그들의 엄마들처럼 나엄마의 아들을 남겨두고 다른 곳으로 가버렸다. 혼자 소외된 기분을 느낀 나엄마의 아들은 속상한 얼굴로 나엄마에게 다가왔고 상처받은 아들의 모습을 본 나엄마는 억장이 무너지는 기분을 느꼈다.

이후 나엄마는 놀이터에만 가면 그 엄마들 무리를 마주해야 했다. 자신을 받아줄 마음이 없어 보이는 엄마들 무리에 나엄마 역시 끼고 싶지 않았다. 한창 밖에서 뛰어놀 나이인 아들을 위해 놀이터에 가긴 하지만, 나엄마는 늘 구석에 혼자 앉아있어야만 했고 아들은 떠돌이처럼 홀로 놀이터를 기웃거렸다. 나엄마는 새로 이사 온 동네에서 극심한 우울감을 느꼈다.

사례3: 학교 부적응자가 될 수밖에 없었던 나학생

나학생은 유복한 가정환경에서 부모님의 사랑을 듬뿍 받고 자란 반듯한 학생이다. 선생님께 늘 허리를 숙여 인사했고 학교 선생님들은 그런 나학생을 매우 예뻐했다. 하지만 나학생은 공부에는 소질이 없었다. 그는 기타 치는 것을 좋아해 가수들의 노래 코드를 외워 연습하곤 했다. 자신이 좋아하는 가수들의 음악을 스스로 반주하며 노래를 부르는 것이 그에겐 일상의 행복이었다. 고등학생이 될 무렵, 공무원이었던 그의 아버지는 지방의 한 시골 마을로 발령받았다. 그로 인해 나학생은 지방의 한 고등학교로 전학을 가게 되었는데, 하필이면 그 학교는 불량한 학생들이 많기로 소문이 난 학교였다.

입학식 날 나학생은 학급 분위기에 크게 놀랐다. 입학식을 지켜보던 고등학교 2학년, 3학년 선배들이 교실에서 담배 피우는 모습을 보았기 때문이다. 나학생은 쉬는 시간이 유독 두려웠다. 쉬는 시간에 화장실에 가고 싶었지만 수많은 또래 학생들이 좁은 화장실에 빽빽하게 들어가서 너나 할 것 없이 담배를 피워댔기 때문이다. 껄렁껄렁한 또래 학생들은 나학생을 이상한 눈빛으로 쳐다봤다. 헐렁하게 넥타이를 풀어 헤친 그들과는 달리 나학생은 반듯하고 정갈하게 넥타이를 매고 있었기 때문이다. 그들의 눈에는 그 모습이 어쩐지 불편하게 보였을 것이다. 나학생은 결국 새로운 친구를 사귀지도 못한 채 3개월을 보냈다. 이 학교에서는 성실하고 공부 잘하는 것은 아무 의미가 없었다. 오히려 누가 더 반항적인지를 경쟁할 뿐이었다.

나학생은 결국 자퇴했고, 검정고시로 고등학교를 졸업했다.

사례4: 작은 간섭에서 이별까지

20대 회사원 나여자는 어느 날 직장 동료로부터 소개팅 제안을 받았다. 남자친구와 헤어진 지 얼마지 되지 않았던 나여자는 소개팅을 원치 않았지만 직장 동료의 설득에 못 이겨 소개팅 자리에 나갔다.

소개팅 자리에는 말끔하게 정장을 차려입은 나남자가 앉아있었다. 그는 매너 있고 교양있었다. 뿐만 아니라 재력도 있어 보였다. 그렇게 시작된 나남자와의 인연. 그들은 서로에게 호감을 느꼈고 연인관계로 발전했다.

서로 사랑하는 사이가 된 나여자와 나남자는 자주 데이트를 했다. 따뜻한 봄바람이 부는 계절. 나여자는 모처럼 예쁜 치마를 골라 입었다. 그렇게 데이트 장소에 나가 영화도 보고 맛있는 음식을 먹을 것을 기대하고 있었는데 나남자는 어딘가 화난 표정으로 말했다. "치마 길이가 너무 짧은 거 아니야?" 나여자는 나남자의 말에 서운함을 느꼈지만 데이트를 망치고 싶지 않아 태연한 척 웃어넘겼다.

하지만 또 한 번 나남자가 말했다. "다음부터는 무릎 위로 오는 치마는 안 입었으면 좋겠어." 나여자는 황당해하며 나남자에게 물었다. "내가 예쁜 옷 입고 싶어서 입은 건데 뭐가 문제야?" 나남자가 대답했다. "사람들의 시선이 자꾸 쏠리는 것이 부담되고 싫어."

나여자는 나남자를 사랑했기에 그와의 관계를 망치고 싶지 않았다. 그래서 나남자를 이해해보려고 했다. 그러나 나남자의 간섭은 시작에 불과했다. 그 뒤로 나남자는 나여자의 복장, 행동 등 사사건건을 간섭하기 시작했다.

이를테면 높은 구두를 신는 것, 화장을 진하게 하는 것, 몸매가 드러나는 옷을 입지 못하게 했으며 급기야는 만나는 사람까지도 통제했다. 그러면서도 나남자는 나여자에게 이렇게 말하곤 했다. "이게 다 널 위해서 하는 말이야." 나여자는 생각했다. '그래 나를 사랑하니까, 나를 위해서 그러는 것일 거야.'

그러나 시간이 지날수록 나남자의 간섭과 통제는 심해졌고 나여자의 작은 실수도 그냥 넘어가지 않았다. 나여자는 나남자를 사랑하지만 그의 앞에만 서면 스스로가 가치 없게 느껴지기 시작했다. 결국 나여자는 나남자와의 관계를 정리할지를 두고 고민하기 시작했다.

사례5: 신규 간호사의 진로 변경

김간호는 어린 시절부터 간호사가 되기를 꿈꿨다. 그녀는 간호사가 되기 위해 중고등학교 시절부터 공부를 열심히 했다. 집에 가면 인터넷 강의를 들으며 오늘 배운 내용을 복습했고 새벽까지 문제집을 풀면서 간호사가 되기 위해 학업에 열중했다.

그렇게 고등학교 시절을 보낸 김간호는 자신의 집과 가까운 지방 명문 국립대학교의 간호학과에 장학생으로 합격하였다. 당시 김간호는 주위 사람들로부터 성적이 좋으니 타지역 의대에도 원서를 넣어보라는 권유를 받았지만, 그녀의 목표는 뚜렷했다. 의사보다는 환자를 옆에서 따뜻하게 돌봐주는 간호사가 자신의 천직이라고 믿었다. 그렇게 그녀는 우수한 성적으로 대학을 졸업하고 동시에 간호사 국가고시에 합격한 뒤, 서울의 모 대학병원에 입사했다. 그렇게 김간호는 외과 병동의 간호사가 되어 자신의 꿈을 이뤘다.

평생 간호사로 일하며 행복할 줄만 알았던 김간호. 그러나 그녀는 요즘 하루하루가 너무나 괴롭다. 그녀의 선배 간호사 C씨 때문이다. C씨는 김간호에게 엄격하고 차가웠다. 다른 사람들에게는 밝고 상냥했는데 유독 김간호에게는 싸늘했다. 김간호는 실수할 때마다 C씨로부터 폭언을 들어야 했다. 그 결과 김간호는 C씨 앞에만 서면 자존감이 낮아졌다. 몸도 마음도 너무 힘들었다. 어느 날, 함께 졸업한 동기들에게 전화를 걸어 그들의 안부를 물었는데 동기들 역시 힘든 시간을 보내고 있었다. 선배들로부터 온갖 꾸지람과 폭언을 들어 정신적으로 힘들어하고 있었던 것이다.

그러던 중 김간호는 뉴스를 통해 선배들로부터의 괴롭힘을 견디지 못하고 스스로 목숨을 끊은 어느 간호사의 이야기를 접했다. 김간호는 스스로 목숨을 끊은 그녀의 심정을 이해했다. 그리고 그녀가 당한 선배들의 괴롭힘이 많은 병원에서 '태움'이라는 문화로 존재한다는 것도 알게 되었다. 그녀는 평생 간호사가 되기만을 꿈꿔 왔지만 최근에는 이 직업에 대한 회의감을 크게 느끼고 있다. 고통스러운 시간을 보냈던 그녀는 결국 결심했다. 보건직 공무원이 되기로 마음먹은 것이다. 그녀는 사직서를 내고 공무원학원에 등록했다.

사례6: 고부갈등으로 이혼한 그녀

대학 시절 김미모의 꿈은 대기업에 취직해 결혼하고 평범하게 가정을 꾸리며 사는 것이었다. 김미모는 반드시 좋은 회사에 취직해서 과일가게를 운영하는 부모님께 효도하고 싶었다. 그녀는 대학 시절 학과 공부에 충실했고 결국 국내 굴지의 대기업에 합격했다. 김미모의 부모님도 매우 기뻐했다. 그녀는 이제 좋은 남자를 만나 결혼해서 가정만 이루면 부모님께 효도도 하고 자신도 남부럽지 않게 살 수 있으리라 생각했다.

대기업에 합격하자 주변으로부터 선 자리가 많이 들어왔다. 미모를 갖춘 그녀는 만나는 남자들 대부분에게 애프터 신청을 받았기에 그중에서도 가장 마음에 드는 남자를 선택했다. 그는 부유한 집안에서 자란 대기업 사원이었다. 둘은 공통점이 많았다. 성격도 비슷했고 식성도 같아서 싸울 일이 없었다. 순탄한 연애 끝에 그들은 결혼에 골인했다.

신혼생활 역시 행복했다. 문제는 남편의 부모님이 신혼집 근처로 이사를 오면서부터 시작되었다. 시어머니가 시도 때도 없이 그들의 집에 들르기 시작한 것이다. 심지어 비밀번호까지 알고 있어 수시로 문을 열고 들어왔다. 김치며, 보약이며 온갖 것을 집으로 가져다주며 자신의 아들을 극진히도 챙겼다. 김미모는 남편을 사랑하는 마음으로 참아보려고 노력했으나 매일 예고도 없이 집을 드나드는 시어머니를 이해하는 건 쉽지 않았다. 하루는 남편에게 불만을 토로했다. "당신도 알다시피 나는 시어머니가 어려울 수밖에 없어. 그런데 너무 자주 찾아오시는 것 같아. 나도 사회생활을 하잖아. 집에선 좀 마음 놓고 쉬고 싶은데 어머니 때문에 그게 너무 어려워."

외동아들인 남편은 어머니로부터 극진한 사랑을 받으며 자라왔기에 김미모의 말에 섭섭함을 느꼈다. 그들은 이 문제로 꽤 오래 다투었고 급기야 남편은 김미모에게 화를 내기 시작했다.

　결국 그들은 합의점을 찾지 못했고 이혼하기로 결정했다. 결혼해서 부모님께 행복한 모습을 보여주고 싶었던 김미모는 마음이 아팠다. 그녀는 며칠을 혼자 울다가 친정어머니에게 전화를 걸었다. 친정어머니는 딸이 행복해지는 길이라면 이혼해도 괜찮다며 그녀를 위로해주었다. 그녀는 남편을 사랑했음에도 다른 방법이 없었다. 결국 그녀는 그와 합의 이혼을 하고 결혼 생활을 끝냈다.

우리는 관계 속에서
신음하고 고통을 호소한다

앞에서 우리를 괴롭히는 관계 문제들의 예시를 살펴보았다. 부대 내의 초급 간부들과의 관계 문제 때문에 장군의 꿈을 다시 고민하게 된 김장교, 신도시 엄마들의 텃세로 다른 곳으로 이사 가고 싶어 하는 나엄마, 모범생이었음에도 자퇴를 하고 검정고시를 봐야만 했던 나학생, 사랑하는 연인의 가스라이팅으로 힘들어한 나여자, 선배들의 괴롭힘 문화에 적응하지 못한 김간호, 시모와의 갈등으로 이혼을 결심한 김미모 등, 주변을 둘러보면 이와 비슷한 사례들을 쉽게 접할 수 있다.

우리는 다른 사람들과 필연적으로 관계를 맺으며 살아간다. 그러나 모든 관계가 늘 좋은 것만은 아니다. 오히려 인간관계 문제로 인해 자존감이 낮아지고 우울증을 앓게 되는 사람들도 있다.

앞선 사례들 속 주인공은 분명 누군가로부터 상처받고 고통스러워했다. 그런데 이와 같은 일들은 대부분 법적 처벌이나 손해배상을 청구할 수 있는 것들이 아니다. 즉, 인간관계 문제의 대부분이 법적 테두리 안에서 벌어지는 일들이라는 것이다. 우리는 보통 타인의 법익(법적으로 보호되는 이익 또는 가치)을 침해할 때 실정법 위반으로 처벌받거나 손해배상책임을 지게 된다. 그런데 이 인간관계로 인한 문제는 그러한 법적인 문제를 벗어나 존재하고 있어 더 괴로운지도 모른다.

우리가 모두 관계 문제의 본질을 깨닫고 이를 대비할 수 있을 때, 자신의 가치를 망각하지 않고 높은 자존감을 유지하며 살아갈 수 있다. 나는 그동안 다양한 공동체 안에 소속되며 깨달은 것을 내 삶에 적용했고 그 이후 내 삶은 많이 변했다. 나의 삶이 얼마나 소중한 것인지, 왜 인생을 선물이라고 하는지 깨닫게 되었다. 나도 한때는 나의 가치를 부정하고 내 삶이 의미 없다고 생각한 적도 많았다. 하지만 이러한 관계 문제의 본질을 깨달은 뒤로 내 삶은 완전히 달라졌다. 하루하루가 소중해지다 보니 앞으로 살아갈 날들이 너무나 짧게 느껴져 늘 시간이 부족하다고 생각하며 살고 있다. 나처럼 많은 사람들이 더 이상 관계 문제로 상처받는 것에서 벗어날 수 있기를, 우울증의 고통에서 해방될 수 있기를 소망한다.

그럼, 지금부터 내가 살면서 경험한 것을 토대로 정립한 나의 '공동체 인간관계론'에 관한 이야기를 시작해 보겠다.

2장

공동체 인간관계론이란

우리는 공동체 안에서 규정된다

관계는 하나의
사회를 형성한다

우리는 일상 속에서 다양한 종류의 사람들과 관계를 맺으며 살아간다. 가족, 연인, 친구, 직장 동료, 동호회 회원, 군대 전우들, 종교단체 신도들···. 그 외에도 인간관계의 종류는 헤아릴 수 없이 많다. 이렇게 맺어진 관계는 구성도 다양한데, 이를테면 연인관계처럼 일대일의 관계도 있으며, 친구, 직장 동료와의 관계처럼 여러 명으로 구성된 관계도 있다.

사회학에서는 이렇게 관계를 맺어 형성된 집단을 '사

회(Society)'라고 말한다. 그런데 여기서 사람들이 오해하는 것이 한 가지 있다. 바로, 연인관계와 같은 일대일로 맺어진 관계는 사회라고 여기지 않는 것이다. 아래 그림을 살펴보자.

2명

5명

사회(社會)의 사전적 의미는 아래와 같다.

[명사]
1. 같은 무리끼리 모여 이루는 집단.
2. 학생이나 군인, 죄수들이 자기가 속한 영역 이외의 영역을 이르는 말.
3. [사회 일반] 공동생활을 영위하는 모든 형태의 인간 집단. 가족, 마을, 조합, 교회, 계급, 국가, 정당, 회사 따위.

'사회'의 사전적 의미 중에서도 1번과 3번의 설명을 살펴보면 사회란, 같은 무리끼리 모여 이룬 집단, 혹은 공동생활을 영위하는 모든 형태의 인간 집단이라는 것을 알 수 있다. 즉, 말 그대로 '사람들이 모여있는 것'을 의미한다는 것이다. '모일 사(社)'자와 '모일 회(會)'자로 구성된 '사회'라는 글자만 보아도 사람들이 모여 있다는 것이 사회의 정의임을 쉽게 이해할 수 있다. 그러므로 일대일의 관계 즉, 두 명 사이의 관계도 사회라고 보아야 한다.

이렇게 사람이 두 명 이상 모여 있는 것을 일컬어 사회 또는 집단 혹은 공동체라 표현하는데, 앞으로 이어질 글은 바로 이것에 관한 이야기이다. 이 책에서는 표현을 통일해 **공동체**(community)라고 부르겠다.

관계는 암묵적인
약속을 만들어 낸다

타인과 관계가 형성되면 그 관계 유지를 위한 크고 작은 약속들이 생겨난다. 연인관계를 예로 들어 보자. 나남자와 나여자가 이성 교제를 시작했다. 그저 사랑하는 마음으로 맺은 관계임에도 둘 사이에는 차츰 암묵적인 약속들이 생겨난다.

연인 사이에서 자주 하는 약속 중 하나는 바로 '연락'에 관한 약속이다. 예를 들어 나남자는 회식 자리를 마치고 집에 갈 때 반드시 나여자에게 전화를 걸어야 한다.

일종의 귀가 보고와 같은 것이다. 반대로 나여자는 특별한 이유를 제외하고는 다른 남사친과 연락을 주고받지 않아야 한다. 나남자가 다른 남사친과 연락을 주고받는 것을 원치 않기 때문이다. 이렇게 나남자와 나여자, 둘 사이에는 연인관계를 유지하기 위한 그들만의 약속들이 생겨난 것이다.

이번엔 가족관계를 살펴보자. 남녀가 결혼하고 아기가 태어나 가족 공동체가 형성되면 가정마다 해야 할 것과 하지 말아야 할 것이 생긴다. 이 또한 시간이 지나 그 가족 구성원만의 암묵적인 약속이 된다. 월급 통장을 따로 분리할 것인지, 하나로 통합해서 사용할 것인지와 같은 경제적인 부분부터 누가 밥을 하고 설거지를 할 것인지, 아이를 돌보는 일은 주로 누가 할 것인지, 아이는 하루에 게임을 몇 시간만 할 수 있는지와 같은 일상생활에 관한 약속까지 가족 공동체만의 다양한 약속이 형성되는 것이다.

좀 더 큰 공동체인 자전거 동호회에서도 내부적인 약

속은 매우 중요하다. 물론, 소수의 모임으로 시작되었을 경우 처음에는 특별한 약속이란 게 존재하지 않을 수도 있다. 그저 가볍게 모이는 방식으로 시작되었을 가능성이 크기 때문이다. 그러나 시간이 지나 구성원이 늘어갈수록 그들 역시 그들만의 약속을 만들어가기 시작할 것이다. 모두가 함께 모일 수 있는 시간을 정할 것이며 자전거를 탈 구체적인 코스에 관한 약속도 할 것이다. 더 나아가서는 회비를 걷고, 총무를 뽑고, 모임 장을 선출하는 등 더 구체적인 약속들을 정하게 될 것이다.

이처럼 각자 추구하는 삶의 지향점이 다른 우리는 타인과 관계를 맺을 때 이를 조율하기 위한 약속들을 만든다. 유행처럼 번졌던 '식사 자리에서 나의 이성 친구가 나의 동성 친구의 깻잎을 떼어주어도 괜찮은가'와 같은 질문 역시 이러한 관계 속에서의 약속 개념에서부터 파생되었다고 볼 수 있다. 나는 앞으로 타인과 맺어진 다양한 공동체에서 만들어진 약속들을 '규율'이라는 용어로 통일하여 설명하려고 한다.

규율은
문화가 된다 1

사람들과 관계를 맺으며 살다 보면 우리는 우리도 모르는 사이에 자연스럽게 여러 공동체에 속하여 살아가게 된다. 그 공동체가 나의 자존감을 높여주는 긍정적인 공동체일 수도, 나의 자존감을 떨어트리는 부정적인 공동체일 수도 있다. 그 공동체가 어떤 공동체이든 우리는 그 공동체의 영향을 받으며 살아간다.

공동체의 크기와 종류에 따라 편차는 있겠지만 앞서 살펴본 바와 같이 어느 공동체이든 규율이 존재하기 마련이다. 가족 공동체에는 가훈이 있고, 직장 공동체는 회사 사규가 있다. 종교 공동체에는 교리가 있고, 국가 공동체에는 실정법(현행법)이 있다. 이렇게 형성된 규율은 점점 굳어지고 강화되어 사람들의 행동을 통제하고 삶의 방식을 만들어낸다. 그것을 우리는 '문화'라고 일컫는다.

문화는 그 공동체만이 갖는 특수성이다. 그래서 공동체가 다양한 만큼 이 세상에는 다양한 문화들이 존재한다. 각 공동체는 그들만이 추구하는 가치지향점들이 있으며, 그것에 맞게 자신들의 규율을 만들고 적용하며 사람들의 행동을 통제한다. 그러면서 공동체 스스로 자신들이 가야 할 방향으로 나아간다. 그 방향은 공동체만의 세계관이 되고 그 안에 속한 구성원들은 공동체의 세계관과 일치된 삶을 살기 위해 노력한다.

이는 가족 공동체를 살펴보면 쉽게 이해할 수 있다. 어떤 가족은 부모의 체벌이 허용되는 가족 문화가 존재하는 반면, 어떤 가족은 체벌을 금기시하는 가족 문화를 가진다. 밥을 먹을 때도 마찬가지다. 대화하면서 밥을 먹는 것을 허용하는 가정에서 자란 아이는 다른 곳에서도 식사하며 자연스럽게 대화를 할 것이다. 반대로 밥을 먹을 때 대화를 하는 것은 예의가 아니라고 교육받은 아이는 낯선 곳에서 식사할 때 조용히 밥 먹는 데에만 집중할 것이다. 이처럼 구성원들의 세계관이 공동체의 세계관이 되고 다시 공동체의 세계관이 그 구성원들의 세계관을 지배하게 되는 것이다.

규율은
문화가 된다 2

좀 더 큰 공동체 안에서 규율이 문화가 된 사례들을
살펴보자.

한 대학교 체육학과에서 신입생 환영회가 열렸다. 학
과의 선배들은 선후배 간 딱딱한 분위기를 해소하고자
새로운 기획을 하였다. 바로, 사발에 소주와 맥주, 막걸
리, 과자 등을 섞어 마시게 하는 신입생 환영회를 진행한
것이다. 그렇게 시작한 일종의 신입생 신고식은 매년 반
복되어 그들만의 보이지 않는 약속이 되었고 그것은 점

점 강화되어 규율이 되었다. 그리고 마침내 신입생 사발 신고식은 그 학과만의 전통이자 문화가 되었다.

내가 직접 겪었던 사례도 있다. 나는 학군단(ROTC) 후보생 시절에 육군사관학교에서 주최한 전국 대학생 안보 토론 대회에 참가한 적이 있다. 각 대학에서 두 명씩 선발해서 참여할 수 있었는데, 당시 나는 타 학과 친구와 함께 참여했다. 3박 4일 동안 육군사관학교 생도들과 숙소에서 함께 생활하며 그들의 삶을 엿볼 수 있었는데 아직도 그 기억이 오래 남아 있다.

그들과 함께 지내며 특히 나는 두 가지 부분에서 큰 충격을 받았다. 첫 번째는 층마다 있었던 매점에 관한 부분이었다. 겉보기에 그 매점은 규모만 작을 뿐 사관생도들이 배가 고플 때 찾는 여느 평범한 편의점과 다를 게 없어 보였다. 그런데 그곳에는 재미있는 사실이 숨어 있었다. 바로, 돈 계산원이 없다는 것이었다. 간단한 부식류와 과자류 또는 생필품을 생도들이 자유롭게 가져가고 양심에 따라서 돈통에 돈을 넣도록 규율을 만든 것이다. 누군가는 이를 공동체 내부 구성원 간의 신뢰도를 높여 사회적 비용을 줄이겠다는 의도쯤으로 이해할 수도 있다. 하지만 그들의 문화에는 사회적 비용 등의 경제적 측면을 넘어선 그 무언가가 있었다.

그것은 그들만의 두 번째 규율인 '무감독 시험'을 통해 깨달을 수 있었다. 육군사관학교 생도들도 한편으론 평범한 대학생이다. 다만 그들은 치열한 경쟁을 뚫고 육군사관학교에 합격했기에 그 안에서도 치열하게 경쟁해야 한다. 놀라웠던 건 치열한 경쟁이 난무하는 시험장에 감독관이 없다는 것이었다. 시험을 치르는 동안 타인의 시험지를 보지 않는다는 것은 모두가 아는 상식인데 이것을 시험장에 적용한 것이다. 즉, 그들의 양심에 맡긴 것이다. 이렇듯 육군사관학교에서는 누가 보든, 안 보든 스스로의 양심에 맡긴다는 규율을 만들고 그것을 지키고 있었다. 어느덧 이것은 육군사관학교만의 자랑스러운 전통과 문화로 자리 잡았다.

마지막으로 좀 더 넓은 범위의 규율과 문화에 관한 예

시를 보자. 현존하는 대한민국의 거대 연예기획사들은 과거 H.O.T., S.E.S.와 같은 1세대 아이돌 그룹을 통해 많은 돈을 벌었다. 요즘과 달리 당시 아이돌 중에는 합숙 훈련을 길게 하지 않은 가수들도 있었다. 합숙 훈련 6개월 만에 TV에 나오는 경우도 있었으니 말이다. 하지만 시간이 지날수록 아이돌 가수를 향한 대중의 눈은 점점 높아졌고, 아이돌 그룹 간의 경쟁도 심화되었다. 그에 따라 아이돌 연습생들은 더 오랜 연습 기간을 가져야 데뷔할 수 있게 되었다. 최근에는 최소 2년 이상의 연습생 기간을 거쳐야만 경쟁력 있는 아이돌 그룹으로 데뷔할 수 있다고 한다. 그렇게 치열하게 훈련된 아이돌 연습생들은 춤과 노래 실력을 탄탄하게 갖춘 완성형 아이돌로 데뷔하게 된다. 그 결과 K-POP 문화는 세계인이 부러워하는 우리나라 대표 문화로 자리 잡게 되었다.

이와 같은 사례에서 살펴본 것처럼 사람들이 모여 공동체가 형성되면 각자 추구하는 가치지향점이 생기게 되고 그것은 더 나아가서 규율이 된다. 또한 그 규율은 강화되어 자신들만의 독특한 문화를 만든다. 공동체에 소속된 구성원들은 그 규율을 지킴으로써 문화를 더욱 공고하게 만들며 때론 그 문화에 지배받는 결과를 낳기도 한다.

사회화와
사회 부적응자에 관하여

공동체의 규율을 잘 따르고 그 문화에 잘 순응하며 동화되는 것을 **사회화**(socialization)라고 한다. 우리는 그동안 공동체 문화에 잘 순응하는 것을 미덕이라고 배워 왔다. 특정 공동체에 소속이 되어 있다면 어떻게든 그 공동체의 문화에 동화되어야만 하는 것이다.

우리는 다양한 공동체 속에서 마땅히 지켜야 하는 것들을 배우며 자라왔다. 이를테면 친구들과는 싸우지 않고 사이좋게 잘 지내야 한다. 학교에서는 선생님 말씀을 잘 들어야 하고 학교의 규칙을 잘 지켜야 한다. 회사에서는 윗사람 지시에 잘 따르고 다른 사람들 눈 밖에 나는 행동은 하지 않는 것이 좋다.

즉, 우리는 어딜 가든, 어느 공동체에 속해 있든 그 규율과 문화에 복종해야 한다고 배운 것이다. 그것이 바로 미덕이며 당위이고, 우리가 지향해야 할 공동체 의식이라고 여기며 지내왔다. 한편, 우리는 공동체의 규율과 문화에 순응하지 않고 사회화가 잘되지 않은 사람들을 '사회 부적응자'라고 부른다. 예컨대 학교 또는 직장에서 친구, 동료들과 어울려 함께 생활하지 않고 혼자만의 세계에만 빠져 홀로 생활한다면 그 사람은 사회 부적응자로 간주될 확률이 높다.

대한민국 구성원이 국가 공동체가 합의한 실정법을 지키는 것은 당연하다. 법치주의를 근본 원리로 채택한 대한민국에서 살아가려면 그것은 당연한 전제이다. 그러나 내가 이 책의 첫머리에서 서술했듯 우리를 힘들게 하는 인간관계 문제는 실정법의 범위에 포함되지 않는다. 다시 말해, 실정법의 범위에 포함되지는 않지만, 우리를 고통스럽게 하는 규율들이 다수 존재한다는 것이다. 과연 사회화를 위해서라면 고통을 무릎 쓰고서라도 그 규율들을 지키는 것이 옳은 것일까? 이 부분에 중점을 두어 더 이야기를 해보고자 한다.

사회화(socialization),
당위인가? 선택인가?

　　우리가 **사회화**(socialization)를 마땅히 지켜야만 하는 당위라고 여긴다면 우리는 어느 공동체에 속해 있든 그 공동체의 규율에 잘 복종하고 문화에 순응하며 살아야 한다. 그러나 모든 공동체의 규율에 순응하고 복종하다 보면 개개인의 주체성은 희미해져 갈 수밖에 없다. 대한 민국 공동체의 최상위 법인 헌법을 한번 살펴보자. 우리 헌법은 국민이 합의한 기본적 인권에 관한 사항을 천명하고 있다. 그중에서도 자유권적 기본권을 한번 살펴보자.

┌─ 자유권적 기본권: ────────────────┐

신체의 자유(제12조), 거주이전의 자유(제14조), 직
업선택의 자유(제15조), 주거의 자유(제16조), 사생
활의 비밀과 자유(제17조), 통신의 자유(제18조), 양
심의 자유(제19조), 종교의 자유(제20조), 언론 출판
집회 결사의 자유(21조), 학문과 예술의 자유(22조)

└──────────────────────────┘

우리 헌법은 국민의 자유를 보장해 주기 위해 이와 같
은 자유권적 기본권을 천명하고 있다. 그런데 사회화가
당위라고 한다면 헌법상 보장되는 기본권이 침해될 우
려가 다분해진다.

몇 가지 예를 살펴보자.

예를 들어 어느 종교 공동체가 있다고 하자. 그 공동
체에서는 종교집회가 열리면 누구도 빠지지 않고 무조건
참석해야 하며, 집회 중에는 절대로 자리에서 이탈해서

는 안 되는 규율이 있다. A씨는 그 종교 공동체의 구성원이다. 어느 날 종교단체는 A씨에게 집회 참석을 요구했고 A씨는 중요한 선약이 있었음에도 집회에 참석해야 했다. A씨가 종교 공동체에서 사회 부적응자로 낙인찍히지 않으려면 무조건 그 요구에 부응해야 하기 때문이다. 즉, 그것이 마땅히 그래야만 하는 의무, 당위라고 한다면 A씨는 명백히 자유권적 기본권(신체의 자유_제12조, 종교의 자유_제20조)을 침해당한 것이다.

이번엔 어느 가족 공동체 예시를 살펴보자. 이 가족 구성원 사이에서 부모의 말은 곧 법으로 통한다. 부모가 공동체의 규율을 정하는 것이다. 자녀인 B씨의 꿈은 가수다. 어릴 때부터 음악이 좋았고 노래 부르는 것에서 삶의 의미를 느꼈다. 그런 B씨는 가수의 꿈을 이루기 위해 보컬학원에 등록하고 관련 학교 진학을 목표로 공부했다. 그런데 그의 부모는 B씨가 가수가 되는 걸 원치 않았다. 조금 더 안정적인 직업을 갖기를 바란 나머지 B씨에게 공무원 시험 준비를 강요했다. 과연 B씨는 어떤 선택을 해야 할까? 만약 사회화가 당위라고 한다면 가수의 꿈을 접고 부모의 의견을 따라야 할 것이다. 물론 부모의 의견을 고려해 볼 수는 있겠지만 무조건 따라야 한다면 이역시 자유권적 기본권(직업선택의 자유_제15조)이 침해된 것이라 볼 수 있다.

사회화를 당위라고 여길 경우 헌법상 보장되는 기본권 침해 외에도 다른 문제가 발생할 수 있다. 앞의 예시를 다시 보자. A씨의 경우 만약 가족 공동체에서 A씨의 종교 생활을 그만둘 것을 요구한다면 A씨는 가족 공동체의 규율을 따를 것인지, 종교 공동체의 규율을 따를 것인지를 선택해야 한다. 어쩔 수 없이 둘 중 하나의 공동체에서는 사회 부적응자가 되어야만 하는 것이다. 이렇듯 사회화가 당위가 되면 여러 문제가 발생할 수 있다.

당연하게도 우리는 하나의 공동체에만 소속되어 살고 있지 않다. 다양한 공동체에 함께 소속되어 있기에 공동체간의 규율이 상충하는 상황은 언제든지 발생할 수 있다. 그러한 상황이 발생한다면 어쩔 수 없이 하나의 공동체 규율을 어길 수밖에 없는데, 그때마다 사회 부적응자로 낙인찍혀야만 하는 것일까?

　이러한 딜레마에서 우리는 선택해야 한다. 보통 스스로 가치를 크게 두고 있는 공동체의 규율을 따르려고 할 것이다. A씨의 경우 가치를 크게 느끼는 공동체가 가족 공동체가 아니라 종교 공동체라면 부모의 말을 거역하고 종교 생활을 지속할 것이다. 이렇게 자신이 생각할 때 가치를 크게 두고 있는 공동체를 사회학에선 **준거집단**(reference group)이라고 부른다.

관계의 문제는
규율의 문제이기도 하다

  준거집단의 개념을 명확히 하기 위해 또 다른 예를 살펴보자. 나신실은 교회를 열심히 다니고 성가대 봉사도 열심히 하는 등 신앙심이 투철한 사람이다. 그녀는 대학 시절 학과 공부와 신앙생활에만 매진했고 결국 우수한 성적으로 대학을 졸업해 대기업에 입사했다. 그녀는 이 모든 것이 자신의 신앙생활 덕분이라 여기며 신앙생활에 더욱 절실히 임했다. 나신실의 **준거집단**(reference group)은 교회 공동체인 것이다.

그녀가 속한 또 다른 공동체인 회사의 팀장 나회식은 유난히 회식을 좋아하는 사람이다. 나신실이 입사한 이후 나회식은 신입사원 환영회 겸 회식 자리를 자주 만들었다.

문제는 술을 좋아하는 나회식이 주최하는 회식 자리에는 늘 술이 함께한다는 것이었다. 그로 인해 마치 회식 자리에서 술을 마시는 것이 회사 내 당연한 규율로 정해진 분위기였다. 나신실도 예외 없이 술을 권유받았는데 그럴 때마다 나신실은 술을 마시지 않는 교회 공동체의 규율을 지키기 위해 강하게 거부했다. 시간이 지나자 술을 즐겨 마시는 팀원들은 서로 가깝게 지내기 시작했고 나신실은 서서히 팀원들로부터 소외감을 느꼈다.

즉, 나신실의 **준거집단**(reference group)인 교회 공동체의 '술을 마시지 말라'는 규율과 직장 공동체의 규율인 '회식 자리에서 술을 마시자'라는 규율이 상호 충돌한 것이다. 이 사례에서 볼 수 있듯 **사회화**(socialization)를 당위로써 지켜내는 것은 현실적으로 불가능하다.

나신실은 회사 내의 이러한 갈등 상황을 교인들과 나누었다. 교회 공동체에 속해 있는 교인들은 모두 그 교회의 규율과 문화의 지배를 받고 있으므로, 교회의 규율을 잘 따르는 그녀를 응원하고 지지했다. 그녀의 준거집단이 교회 공동체인 만큼 그녀는 더욱 회식 자리에서 술의 유혹을 뿌리치겠다고 다짐했다. 그렇게 나신실은 주말마다 교회에 가서 회사의 음주 문화를 비판하였고, 교회가 지향하는 가치를 지켜내는 것에 대한 어려움을 토로했다.

또 다른 예를 보자. 지방의 한 어촌마을에 공부와는 거리가 먼 고등학생 무리의 집단이 있다. 그들은 하교 후 매일 동네 바닷가에 모여 어른들 몰래 담배를 피우고 PC방에 다니며 우정을 다져나갔다. 졸업 후엔 여느 성인들처럼 자유롭게 술집을 드나들며 시간을 함께 보냈다.

술집에서 술을 마시던 어느 날 그들은 옆 테이블에 앉은 다른 지역의 또래 아이들과 시비가 붙어 싸움에 휘말리게 됐다. 호기로움을 과시하던 그들이었기에 싸움에서 밀리고 싶지 않았다. 욕설과 말싸움으로 시작된 싸움은 급기야 주먹질로 이어졌다.

그 후로도 종종 싸움은 계속되었다. 다른 지역의 또래 남학생들과 싸움이 날 때면 가장 호기롭게 주먹질을 해대던 나싸움. 그는 점점 친구들 사이에서 우상이 되어갔다. 그들은 나싸움을 위시하여 자신들이 가진 힘을 과시했고 그럴 때마다 더욱 강한 유대감과 소속감을 느꼈다. 그렇게 나싸움을 리더로 형성된 공동체에는 '앞으로 시비가 붙으면 호기롭게 싸운다'라는 규율이 생기기 시작했다. 그들은 그것을 '의리'라고 불렀다.

그런 친구 집단에 속해 있던 나착해는 다른 사람을 폭행해서 경찰서에 들락거리는 것이 싫었다. 나착해는 그럴 때마다 부모님을 생각했다. 나착해의 가정에서는 다른 사람과 싸워 경찰서에 가는 일이 없어야 한다는 규율이 있었다. 그랬기에 그는 점점 폭력 사태가 일어나면 뒤로 빠지기 일쑤였다. 그런 일이 반복되자 나착해를 보는 친구들의 시선이 변하기 시작했다. 관계 문제가 발생한 것이다. 급기야 친구 A는 "그런 의리 없는 행동은 우리 친구들 사이에서 용납할 수 없다."라며 나착해를 비난하기 시작했다. 나착해는 자신에게 손가락질하는 친구 A가 미웠다. 결국 나착해는 친구들로부터 신뢰를 얻기 위해서 선택해야 했다. 다음 폭력 사태에서 친구들과 함께 싸울 것인가? 아니면 평소처럼 친구들을 진정시키고 싸움을 말릴 것인가? **준거집단**(reference group)에서 소외되고 싶지 않았던 나착해는 친구들과의 관계 문제로 심각한 고통을 호소하기 시작했다.

앞선 예시를 정리해 보자면 이렇다. 아마 나신실은 교회 사람들에게 회사에서의 인간관계의 어려움을 토로할 것이다. 하지만 그녀가 겪은 관계 문제의 근본적인 원인은 사람 자체에 있는 것이 아니다. 각기 다른 공동체가 가지고 있는 규율이 상충하는 문제에 있다. 나착해도 마찬가지다. 친구 A와 직접적인 관계 문제가 있는 것이 아니라(물론 무분별한 폭력은 결코 정당화될 수 없지만, 친구 A와의 관계 면에서만 보자면), 가정에서의 규율과 친구 집단의 규율이 상충해 갈등을 겪게 된 것이다. 즉, 두 사례 모두 근본적 문제의 원인이 특정 사람에게 있다기보다는 소속

공동체들의 규율이 상충하는 문제에 있었다고 보는 것
이 옳다.

공동체는 살아남기 위해
포섭 활동을 한다

1) 공동체의 힘의 크기는 어떻게 결정되는가

공동체는 사람과 사람 간의 관계를 통해 형성된다. 살아 숨 쉬는 사람들이 모여 형성된 공동체이기에 이는 하나의 살아있는 생명체와 같다. 생명이 유한한 보통의 생명체는 자신과 유사한 또 다른 생명을 통해 그 유한성을 극복하려고 한다. 종족 번식의 본능을 갖고 있는 것이다. 공동체 또한 마찬가지다. 스스로 존속 기간을 오래 유지하기 위해 다양한 활동을 한다. 구성원의 수를 늘려 공동체의 규모를 확대하기도 하고 규율을 강화해 사람들의 복종을 이끌어 내기도 한다. 또한 이를 통해 공동체 내부 구성원들의 이탈을 막기도 한다. 물론 앞에서 예로든 신도시 엄마들의 공동체와 같이 매우 폐쇄적인 태도를 보이는 공동체도 있다. 하지만 이러한 공동체 역시 외부로부터의 경합(기 싸움 등의 정치적 상황)이 발생하면 다른 구성원을 충원해서 세력을 확장하려 할 것이다.

즉, 공동체의 힘은 구성원의 수와 같은 양적인 부분을 기반으로 한다는 것이다. 물론 여기에도 예외는 존재한다. 전국경제인연합회와 같이 기업 회장들이 모여 있는 공동체는 구성원의 수는 많지 않아도 사회적으로 큰 영향력을 행사한다. 이렇게 구성원의 수와 무관하게 질적인 부분에 의해 공동체의 힘이 크게 좌우되기도 한다.

하지만 많은 경우 공동체는 구성원의 숫자에 의해 힘의 크기가 좌우된다. 종교집단이나 정당과 같은 공동체를 떠올려보자. 그들은 구성원의 수를 늘리기 위해 노력한다. 공동체의 힘의 크기 즉, 영향력이 구성원의 수에 달려있기 때문이다. A 교회와 B 교회가 있다. A 교회는 신도가 50명밖에 되지 않는 소형 교회이다. 반면에 B 교회는 신도가 1,000명 정도 된다. A 교회 목사와 B 교회 목사의 영향력의 크기는 차이가 날 수밖에 없다. 이처럼 구성원 수가 많은 종교집단의 리더인 경우 사회적으로나 정치적으로 상당한 영향력을 행사한다(종교적 측면은 논외로 한다).

정당 역시 마찬가지이다. A 정당과 B 정당이 있다. A 정당은 대한민국의 양대 정당 중 하나로 당원 수가 300만 명이 넘는다. 반면 B 정당은 이제 막 창당한 정당으로 당원 수가 3,000명이다. A 정당과 B 정당의 힘의 크기는 차이가 날 수밖에 없다. 각 정당은 자신들이 내세우는 가치에 동의하는 구성원들을 한 명이라도 더 늘리기 위해 경쟁한다. 공동체의 구성원의 수를 늘리고 힘의 크기를 확대하기 위해서다.

생명체가 번식을 통해 자신의 유한성을 극복하려는 것처럼 공동체도 힘을 키우기 위해 구성원에게 미치는 규율의 강도를 강화하고 구성원의 수를 늘려나간다. 공동체가 포섭 활동을 시작하는 것이다.

2) 허니문 기간, 그들은 당신을 유혹한다

　보통의 공동체는 구성원을 포섭할 때 처음부터 자신들의 규율을 강하게 내세우거나 강요하지 않는다. 처음부터 강한 규율을 내세워 허들을 높인다면 이는 구성원의 진입장벽을 높이는 셈이 되기 때문이다. 이렇게 되면 구성원 수를 늘리는 데 방해가 된다. 따라서 어느 공동체이든 누군가를 포섭하려 한다면 진입 장벽이 없거나 매우 낮은 것처럼 보이기 위해 규율을 숨겨 내세우지 않는다. 나는 이를 공동체의 허니문 기간이라고 정했다.

남녀 관계를 생각해보자(두 명이 모이는 것도 '공동체'라고 앞에서 설명한 바 있다). 남녀 모두 처음엔 상대에게 호감을 사기 위해 외모를 가꾸고 배려심 있는 태도를 보일 것이다. 또한 공동체를 형성할 시기에는 '이성 친구와 단둘이 식사하는 것을 금지한다'와 같은 각자 자신의 규율을 잘 드러내지 않을 것이다. 이 역시 초기 진입장벽을 낮춰 공동체를 형성하기 위함이다.

종교 공동체도 마찬가지다. 보통 사람들은 비이상적인 문화를 보유한 일명 '사이비 종교'에 가입하여 열렬한 신도가 된 사람들을 잘 이해하지 못한다. '어떻게 그런 규율(교리)을 가진 공동체에 가입할 수 있지?'라며 의아해한다. 그러나 그 내막을 살펴보면 이렇다.

신도 중 한 명이 포섭 대상으로 삼은 종교 공동체 구성원 후보자를 데리고 오면, 종교 공동체는 따뜻한 눈 맞춤, 배려심 있는 행동 등으로 상대의 마음을 열기 위해 애쓴다. 절대 처음부터 비이상적인 규율(교리)을 내세우지 않는다. '당신이 태어난 것이 우리에게 큰 축복이다'라는 의미로 생일 축하 파티를 열어주기도 한다. 또한 서로 아픈 마음을 나눌 시간도 가지며 구성원 후보자가 서서히 마음의 문을 열도록 노력한다. 그렇게 구성원 후보자는 본인의 가치를 높게 여겨주고 공감해 주는 곳에 빠져들게 되고 어느덧 그 종교 공동체의 구성원으로서의 모습을 갖추어 나가게 된다.

3) 당신은 어느 공동체를 준거집단이라 여기고 있는가

지금부터는 이 글을 읽고 있는 당신이 특정 공동체가 포섭하려는 대상이라 가정해 보겠다. 허니문 기간을 통해 당신을 포섭한 개인 또는 공동체는 당신이 그 공동체(혹은 개인)를 매우 가치 있게 여겨주기를 바란다. 당신이 공동체(혹은 개인)를 높게 평가하고 가치 있게 여길 때 그들의 규율을 따를 것이기 때문이다. 즉, 당신이 해당 공동체(혹은 개인)를 준거집단으로 선택하도록 만든다는 것이다.

연인 관계를 보자. 당신은 허니문 기간을 통해 상대에게 호감을 느끼고 서로 사랑하는 사이가 되었다. 연인 관계라는 두 명의 공동체가 구성된 것이다. 공동체가 구성되면 서로 간의 약속들이 하나씩 생겨나기 시작하는데 그것은 머지않아 둘만의 규율이 된다. 그리고 그 규율을 바탕으로 두 사람만의 세상을 바라보는 관점이 하나둘 생겨나기 시작한다. 이것이 그 공동체의 세계관이다. 서로는 그 세계관을 공유한다. 그리고 상대에게 기대한다. 상대방이 다른 어떤 공동체보다 당신의 공동체 즉, 이 연인 관계를 삶 속에서 최우선의 가치로 두기를 기대하는 것이다.

예를 들어, 당신이 상대와 '주말엔 반드시 함께 데이트를 한다'라는 규율을 공유하고 있다면 상대는 그 규율이 지켜지기를 당신에게 기대할 것이다. 만약 당신이 어느 날 "주말에 친구들과 약속이 생겼어."라고 말할 때 상대가 "주말은 나랑 데이트하는 날이잖아. 나보다 친구가 더 중요해?"라고 응수한다면, 상대는 당신에게 연인 관계를 최우선의 가치로 두는 것을 기대하고, 확인하려는

것이다. 이런 과정을 통해 서로는 다른 어떤 공동체보다
이 관계(또는 공동체)를 우선적으로 여기게 된다. 즉, 연인
관계를 준거집단으로 삼게 되는 것이다.

 또 다른 예를 들어 보겠다. 대학교 신입생인 당신은 신
입생 환영회를 마치고 대학 생활이 익숙해질 때쯤, 다양
한 동아리에 관심을 갖게 되었다. 그들은 신입생들을 가
입시키기 위해 열띤 경쟁을 하고 있었다. 음악 동아리,
테니스 동아리, 독서토론 동아리, 연극 동아리 등 동아리
종류만 해도 수십 가지라 당신은 어느 동아리에 가입할
지를 고민하기 시작했다. 특정 동아리를 선택하고 이런
저런 정보를 얻기 위해 찾아가자 해당 동아리의 선배 또
는 동기생은 당신에게 매우 친절하게 대했다. 당신은 친
절한 사람들이 마음에 들어 그 동아리에 가입하기로 마
음을 먹었다. 이후 동아리 선배는 동아리의 규율들을 당
신에게 하나씩 알려주기 시작했다. 동아리방은 1주일에
최소 3회 청소해야 하며, 동아리방에서는 담배를 피워서
는 안 된다는 것. 술은 선배들과 함께 있을 때만 마실 수
있으며 지도교수님을 면담할 때는 어떤 절차를 거쳐야

하는지. 처음 생각했던 것보다 동아리에는 지켜야 할 규율이 많다는 사실을 당신은 뒤늦게야 알게 되었다.

　이처럼 공동체는 처음부터 규율을 강하게 내세우지 않는다. 허니문 기간을 통해 당신을 포섭한 뒤 자신들의 세계관을 당신이 받아들이기를 기대한다. 공동체의 구성원이 된 당신은 그 공동체의 규율을 마땅히 지켜야 하는 것으로 생각하며, 그를 통해 구성원으로서 소속감을 느낄 것이다. 이때의 소속감은 공동체를 유지하는 데 중요한 역할을 한다. 내가 세상을 바라보는 관점과 동일한 관점으로 세상을 바라보는 사람들이 있다는 생각에 안도감과 위안을 얻으며 동시에 연대 의식을 느끼게 되기 때문이다. 어느덧 당신 주위를 이루는 인간관계는 그 공동체의 구성원들로 채워지게 되며, 그럴수록 공동체에 벗어나기 더욱 어려워질 것이다. 그 결과 당신 삶의 준거집단이 된 공동체는 서서히 당신을 지배하고 당신의 자유를 억압하기 시작할 것이다.

공동체는 어떻게
규율을 강화할까

1) 공동체는 경쟁을 부추긴다

　　규율을 바탕으로 그들만의 문화를 형성한 공동체는 당신을 포섭하였고 당신은 그 공동체를 당신의 가치지향집단 즉, 준거집단으로 선택하였다. 그 후 당신은 해당 공동체의 규율을 잘 따르려고 노력할 것이고 그러면서 자연히 다른 사람을 평가하기 시작할 것이다. 서로가 서로를 평가 하다 보면 공동체 내의 구성원 간의 경쟁은 심화되고 규율은 강화된다. 아래와 같은 문화는 공동체 내 극심한 경쟁으로 인해 발생한 현상이다.

사례1 에티오피아의 입술 원반

아프리카 에티오피아 남부 오모 강변에는 '술마족'과 '물시족'이 살고 있다. 이 부족에서는 여성들이 입술을 자르고 길게 늘인 후 예쁜 원반을 꼽고 사는 것이 규율이다. 원반의 크기는 둘레가 50~ 60센티미터에 이르는데, 이 원반의 크기가 곧 여성의 매력의 정도가 된다. 이 원반이 클수록 결혼할 때 신랑 측으로부터 받는 혼수품이 늘어나기에 이 부족의 여성들은 경쟁하듯 이 규율을 지킨다. 또한 서로를 지켜보며 이 규율을 누가 더 잘 지키는지를 평가하기도 한다.

사례 2 카렌족과 빠동

미얀마에서 이주한 카렌족들 사이에서는 여자들이 목에 빠동이라 불리우는 링을 거는 것으로 유명하다. 이 링의 수와 종류는 사회적 지위를 나타내는데 보통 여성들은 어렸을 때부터 목에 링을 채워 길이를 차츰 늘여 나간다. 어떤 여인은 목의 길이가 60센티미터에 달한다고 한다. 이 부족 내에서 여성들은 서로 경쟁하듯 목의 길이를 늘인다. 마찬가지로 서로 누가 더 규율을 잘 지키는지 평가하고 있기 때문이다.

공동체는 당신을 포섭한 뒤에 평가한다. 당신은 공동체 내부에서 타인과의 비교를 통해 평가된다. 상대평가인 것이다. 당신이 잘생긴 사람인지 못생긴 사람인지, 당신이 똑똑한 사람인지 아닌지, 당신의 사회적 지위가 높은지 낮은지 등 당신의 가치에 대한 평가가 해당 공동체 내의 비교 대상을 통해 이루어진다는 것이다.

강원도 산골에서 "나는 자연인이다."를 외치며 혼자 사는 사람을 누가, 어떻게 평가할 수 있을까? 그가 속한 공동체 범위를 강원도 산골, 그곳으로만 한정 짓는다면 그를 평가할 사람도 없거니와 평가가 될 수도 없다. 하지만 그가 속한 공동체를 대한민국으로 확대하면 이야기가 달라진다. 물론 그를 부러워하는 가장들도 있겠지만, 또 다른 사람들은 가족을 돌보지 않고 혼자 자연 속에 사는 그를 무책임한 가장이라고 평가할 수도 있다. 공동체의 범위를 확대하면 비교 대상이 생기기 때문에 평가가 되는 것이다.

  각 공동체는 그들만의 규율이 있다. 그 공동체의 가치 지향점에 동의하여 준거집단으로 삼은 사람들은 좋은 평가를 받기 위해 공동체의 규율을 잘 따르며 노력할 것이고, 그렇지 않을 경우엔 규율을 잘 따르지 않을 것이다. 만약 그 과정이 지속된다면 공동체 구성원들로부터 부정적 평가를 받고 퇴출당할 것이다. 이처럼 공동체는 자신의 영향력 범위 안으로 들어온 각 개인을 지켜보고 있으며 그 구성원이 공동체의 규율을 잘 따르고 있는지, 공동체의 가치 추구를 통해 형성된 문화에 잘 순응하는지를 지켜보며 평가를 지속한다.

2) 공동체는 피드백을 통해 구성원을 길들인다

당신이 공동체의 규율을 잘 따르고 형성된 문화에 잘 순응한다면 공동체는 긍정적 피드백을 주며 당신의 행동을 더욱 격려할 것이다. 더 나아가 당신을 공동체의 리더 후보로 올려줄 수도 있다. 반대로 당신이 그 공동체의 규율을 잘 따르지 않고 형성된 문화에 순응하지 않는다면 공동체는 부정적 피드백을 줄 것이다. 그 결과 당신을 보는 공동체 구성원들의 눈빛은 변할 것이고 때로는 당신을 싫어하는 구성원이 생겨날 수도 있다. 보통의 경우 사람들은 이 시기부터 자존감이 낮아지며 인간관계 문제로 고통을 호소하기 시작한다.

공동체는 자신의 규율을 잘 따르지 않는 사람에게 부
정적 피드백을 줌으로써 규율에 복종하도록 강요한다.
앞선 예시 속 인물 나신실은 직장 동료들로부터 소외되
었다. 공동체가 부정적인 피드백을 가하기 시작한 것이
다. 압박감을 느낀 나신실은 **준거집단**(reference group)인
교회 공동체에서 직장에서 겪고 있는 인간관계의 고통을
호소하며 위로를 얻었다. 그녀의 준거집단인 교회 공동
체는 규율을 잘 지킨 그녀의 행동에 공감하며 칭찬을 아
끼지 않았다. 결국 나신실은 교회 공동체에서 긍정적 피
드백을 받아 청년부 회장이라는 리더의 직책을 얻게 되
었다. 리더가 된 나신실은 직장에서의 음주 문화를 더욱
단호하게 거부했고 그로 인해 직장 동료들과 잘 어울리
지 못하는 사회 부적응자로 평가받았다.

나착해의 경우도 마찬가지다. 그를 보는 친구들의 눈
빛이 변하기 시작했다. '어떤 일이 있어도 도망가지 않고
합심해서 싸운다'라는 공동체 규율을 따르지 않았던 나

착해는 친구들 사이에서 부정적 피드백을 받기 시작했고 역시 관계 문제로 고통을 호소했다. 반면에 늘 싸움이 날 때면 누구보다 앞장섰던 나싸움은 그 공동체에서 추앙받는 존재가 되었다. 긍정적인 피드백을 받고 그 공동체의 리더가 된 것이다.

3) 가스라이팅, 당신은 건강한 가치 판단이 가능한가?

최근 화두가 되고 있는 '가스라이팅'의 어원은 1938년 스릴러 연극 〈가스등(Gaslight)〉에서부터 시작되었다.

연극 속 내용을 간추리면 다음과 같다. 주인공 잭은 자신의 아내 벨라의 이모를 살해한 범인이다. 잭은 벨라의 이모가 소유했던 보석을 훔치기 위해 계획을 짠 뒤 밤이면 다락에 올라가 가스등을 켜고 보석을 찾는다. 당시 잭과 벨라가 살던 건물은 한쪽에서 가스등을 켜면 다른 방의 가스등이 희미해지는 구조였는데, 아내 벨라는 밤마다 가스등이 희미해지면서 다락방에서 이상한 소리가 들리자 이를 남편 잭에게 말한다. 그러나 잭은 오히려 벨라가 정신이 약해져 헛것이 보이는 거라며 그녀를 몰아세운다. 어느덧 벨라는 스스로를 탓하며 자신의 현실 인지 능력을 의심하고 남편 잭에게 정신을 지배당하게 되는데 이를 빗대어 표현한 것이 바로 '가스라이팅'이다.

일부 비이상적인 공동체는 긍정적 피드백과 부정적 피드백의 영향력을 통해 가스라이팅을 시작한다. 즉, 공동체의 규율과 문화를 잘 지키고 따랐을 때는 긍정적 피드백을 하지만, 반대로 규율과 문화를 잘 지키지 않고 따라오지 않는다면 부정적 피드백으로 당신을 압박한다.

당신은 허니문 기간에 당신에게 친절을 베풀고 따뜻하게 대해 주었던 사람들의 눈빛이 변하는 것을 원치 않는다. 그리고 그들로부터 부정적 피드백을 받고 싶지 않다. 그 결과 당신은 공동체의 규율과 문화를 지키기 위해 노력할 것이고 급기야는 건전한 판단력을 상실하고 복종하게 될 것이다. 잭의 부인 벨라가 그랬던 것처럼 가스라이팅이 시작된 것이다.

4) 부정적 피드백의 결과는 처벌로 돌아온다

　한번 상상해보자. 만약 아프리카 에티오피아 남부 오모 강변에 사는 부족의 공동체 속에서 어느 여성이 자신들만의 규율과 문화를 따르지 않고, 빨간색 립스틱을 바르고 살아간다면 어떻게 될까? 목에 빠동을 걸어 목을 길게 늘여야 하는 규율이 있는 카렌 부족 내에서 누군가 이를 거부하고 예쁜 목걸이 하나 걸치고 살아간다면 어떤 평가를 받을까?

　공동체는 부정적인 피드백을 통해 경고했음에도 불구

하고 구성원이 자신들의 규율에 복종하지 않을 때 처벌을 한다. 현대사회에서 공동체의 처벌은 따돌림과 같은 일종의 배척 현상으로 나타나며 이 현상은 다른 말로 왕따 또는 인격 살인이라고 표현되기도 한다. 대부분의 공동체는 처벌 대상자를 지정함으로써 구성원 간의 결속력을 다지고 규율을 지켜야만 한다는 복종을 이끌어 낸다. 공동체 내부에 본보기 처벌 대상자를 만들어 공동체의 결속을 강화하는 것이다.

다시 앞의 예시로 돌아가 보자. 회식 술자리 문화에 동참하지 않았던 나신실과 친구들과의 싸움에 휘말리는 것을 원치 않았던 나착해는 결국 공동체 안에서 처벌받게 될 것이다. 공동체 구성원들로부터 따돌림을 당해 무력감을 느낄 것이고, 남은 공동체 구성원들도 혹시 자신도 처벌 대상자가 되지 않을까 하는 두려운 마음이 들 것이다. 그리고 누군가는 처벌·대상자를 더욱 혹독하게 따돌리며 부정적인 피드백을 가하는 데 적극 동참할 수도 있다.

현대사회에서는 공동체 규율을 어길 경우 따돌림, 퇴출과 같은 정신적 고통을 가하는 처벌 방법을 주로 사용한다. 신체에 위해를 가하는 육체적 처벌을 하게 되면 실정법의 적용을 받기 때문이다. 그러나 과거엔 더욱 심한 처벌이 가능한 적도 있었다. 공동체의 규율을 적용해 잔혹한 처벌을 자행하였던 중세 시대의 사례를 한번 살펴보자.

중세 시대의 비극,
마녀사냥

15세기 이후 유럽 종교 공동체에서 자행되었던 마녀 사냥도 공동체 내에서 처벌을 가하는 것과 같은 원리였다. 당시 교황청은 정치와 종교를 장악한 막강한 권력 집단이었다. 교황은 태양이고 왕은 달이라는 말이 있을 정도였다. 그러나 견제받지 않는 권력은 부패하기 마련이다. 결국 부패한 교황청의 모습에 알비파(카타리파)라는 세력이 생겨나 반기를 들기 시작했다. 그들은 부패한 집단과 자신들의 집단을 구분하기 위해 금욕과 청빈을 강조했다. 교황청은 그들을 토벌하기 위해 십자군을 보내고 학살을 시작했다. 그리고 종교재판소를 설치해 교황청의 규율을 거역하는 사람들에게 반인륜적 고문까지 자행했다.

이후 교황청은 산파와 주술적 행위로 치료 행위를 하는 여성과 노인들까지 이단으로 규정하였다. 그리고 신체에 끔찍한 고문을 가하거나 사형에 처하는 방식으로 마녀라는 낙인을 찍고 처벌하기 시작했다. 공식적인 인정을 받았던 '마녀 잡는 망치'라고 부르는 메뉴얼 책까지 등장했다. 2년 뒤 교황청은 이 책에 오류가 있다고 선언하고 수습을 시도했지만 이미 대중에게 널리 퍼진 내용을 막을 수는 없었다. 대중은 메뉴얼을 적용하고 실천하기 시작했다. 인류사에 큰 오점을 남긴 마녀사냥이 시작된 것이다.

이처럼 종교 공동체는 처벌대상자를 선정하고 적으로 만들어 자신들의 결속력을 다지려 했다. 공동체 안에서 구성원들은 행동해야만 했다. 긍정적 피드백을 받길 원한다면 누구보다 열심히 마녀사냥에 임해야 했을 것이다. 그 행위에 거부감을 느껴 동참하지 않았다면 마녀의 동조자로 몰리며 부정적 피드백을 받거나 처벌을 당해야 하는 위험을 감수해야만 하기 때문이다.

한편 2000년 교황 요한 바오로 2세는 대희년 기념미사에서 과거 교황청의 마녀사냥 과오를 인정하고 용서를 구했다.

준거집단,
행복감을 주는 만큼 위험이 도사리는 곳

　당신이 특정 공동체를 준거집단으로 여기는 이상, 그 공동체 내에서만큼은 부정적 피드백보다는 긍정적 피드백을 받기 위해 애를 쓸 것이다. 그 공동체의 규율과 문화를 온몸으로 받아들이는 열렬한 지지자가 되어, 그 집단의 리더가 되려고 애쓸 수도 있다. 동시에 당신은 준거집단인 이 공동체의 규율을 잘 따르지 않는 사람에게 부정적 피드백을 가하고 처벌에 동참하며 더욱 혹독하게 인격 살인을 저지르는 선동자가 될 수도 있다.

우리는 믿고 의존했던 사람들로부터 부정적 피드백을 받거나 처벌받았을 때 큰 상처를 받는다. 그때 자존감이 무너진다. 내가 가치 있다고 여겨왔던 사람과의 관계가 틀어지거나, 가장 가치 있다고 여겼던 공동체에서 부정적 피드백을 받고 처벌당했을 때 말이다. 당신이 가치를 높게 여겼던 사람 또는 공동체의 평가, 그것이 곧 당신의 자존감이 된다. 그러한 사람 또는 공동체가 당신의 가치를 저평가하고 손가락질하며 비난한다면 어떻겠는가? 생각만 해도 끔찍하지 않은가?

다시 말해 우리의 자존감은 우리가 높게 평가하며 삶의 가치지향점으로 삼았던 관계 또는 공동체(준거집단)에 의존한다. 당신이 아끼고 소중하게 생각했던 사람들, 당신에게 친절을 베풀고 웃음과 공감을 나누어주던 사람들. 그 안에서 소속감과 안정감을 느끼게 해주었던 공동체. 그들 덕분에 당신은 삶의 의미를 깨닫고 행복감을 느끼며 살아갈 것이다. 하지만 빛이 강하면 그림자도 짙은 법이다. 가장 행복감과 안정감을 크게 느꼈던 그곳, 또는 그 사람과의 관계에서 우린 가장 큰 상처를 받기도 한다.

규율은
왜 존재할까?

1) 규율은 공동체의 질서를 유지시킨다

　준거집단으로 여겼던 공동체에서 부정적인 피드백을
받거나 따돌림 등의 처벌을 받은 사람들은 자존감이 저
하되어 우울증과 같은 증상을 호소할 것이다. 그렇게 한
사람의 인격을 말살하고 스스로 목숨까지 끊게 만드는
공동체 내 규율은 왜 존재하는 것일까? 이유는 간단하
다. 긍정적 측면에서의 기능도 존재하기 때문이다. 규
율이 없다면 인간은 무한한 자유를 획득할 것이고 어떠
한 행동의 제약도 받지 않게 될 것이다. 그렇게 되면 인
간은 자신의 욕구를 채우기 위해 타인의 법익 또는 기본

권을 침해할 가능성이 있다. 그래서 국가마다 나름의 실
정법을 마련해 두고 있다. 즉, 타인의 법익 또는 기본권
을 침해하는 행위를 불법행위로 규정하고 처벌함으로써
행동의 범위를 제한하고 공동체의 전체이익을 보호하려
는 것이다. 또한, 규율을 통해 상호 간의 이익이 충돌할
때 이를 정리 해줄 약속을 미리 정해 놓음으로써 우리의
행동에 대한 결과를 어느 정도 예측할 수 있도록 했다.
이러한 규율의 긍정적인 효과로 인해 우리는 법적 테두
리 안에서 오히려 자유롭게 행동을 선택할 수 있으며 질
서정연하고 안정적인 공동체를 이룩할 수 있는 것이다.

2) 규율은 고유성(identity)을 만든다

모든 공동체가 똑같은 규율을 가지고 있다면 그 공동
체만의 차별성 즉 고유성(identity)은 존재하지 않을 것이
다. 공동체는 타 공동체와 차별화되고 구분될 수 있을 때
존재감이 부각되기 마련이다.

크고 작은 여러 공동체가 함께 어우러져 살아가는 이

세상에서는 공동체만의 경계선을 설정할 수 있을 때 타 공동체와 명확히 구분된다. 이러한 구분은 그 공동체만의 차별화된 규율을 가짐으로써 가능해진다. 예를 들어 모든 종교의 규율이 같다고 가정해 보자. 이 경우 각 종교의 고유성은 사라질 것이다. 우리나라에는 같은 개신교 안에서도 장로회, 감리교, 침례회가 있으며 이들은 각자 차별화된 규율(교리)을 내세우고 있다. 불교 역시 조계종, 태고종, 천태종 등이 있으며 이들 역시 세부적으로 각기 다른 규율을 정하고 있다. 그 외 개인, 가족, 친구, 정당, 모두 다 각자 그들만의 규율을 통해 자신들을 구분한다.

3) 규율은 소속감과 유대감을 강화시킨다

이렇게 공동체만의 고유한 규율을 통해 경계선이 설정되면 공동체 구성원들은 소속감을 느끼게 된다. 그들은 같은 규율 속에 자신들이 통제되고 있다고 느낄 때 더욱 강화된 유대감을 느낀다. 또한 소속감과 함께 상당한 만족감도 느끼게 될 것이다. 인간은 어딘가에 소속되지 않으면 극도의 고독감을 느낀다. 무언가 의지하고 공감할 대상이 필요한 것이다. 한문의 사람 인(人)자를 떠올려 보자. 이 한자가 두 사람이 서로 기대고 있는 모습이라는 의견이 있는 것처럼 우리는 의지할 대상이 있을 때 고독이란 감정에서 벗어날 수 있다. 당신이 먹을 것이 풍부하고 기후가 온화한 무인도에 갇혔다고 상상해 보자. 과연 행복할까? 어느 정도의 기간은 행복할 수 있을지 모르지만 이후에는 극도의 고독감을 느끼고 목숨 걸고 섬을 탈출하려 할 것이다. 누군가 의지할 대상을 만나야 하기 때문이다. 영화 〈캐스트 어웨이〉에서 톰 행크스는 너무 외로운 나머지 배구공으로 인형을 만들어 친구처럼 지내다 급기야 죽음을 각오하고 탈출을 시도했다.

4) 공동체는 목숨도 버리게 만든다

나에게 누군가 가장 감명 깊게 본 영화가 무엇이냐고 묻는다면 〈타이타닉〉이라 답변할 것이다. 역사적 사실과 그 안에서 피어났던 사랑, 그리고 완벽에 가까웠던 OST. 모든 게 조화로운 영화다. 영화 속 감명 깊었던 장면이 여럿 있지만 나는 그중에서도 잭(디카프리오)이 침몰하는 타이타닉호에서 가까스로 로즈(케이트 윈슬릿)를 구조선 위에 태웠던 장면을 꼽고 싶다. 잭은 자신이 죽을 수도 있다는 사실은 잊은 채 로즈를 구조선에 태우기 바빴다. 그 장면에서 타이타닉 OST 8번 트랙 〈unable to stay, unwilling to leave〉의 선율이 애절하게 흐른다. 구조선에 승선한 로즈는 침몰하는 배 위에서 자신을 내려다보는 잭의 얼굴을 바라본다. 그리고 굳은 결심을 한 듯 비장한 표정을 짓는다. 잭이 우여곡절 끝에 로즈를 겨우 구조선에 태웠음에도, 로즈는 잭과 함께하기 위해 다시 침몰하는 타이타닉호로 뛰어든 것이다. 로즈의 행동은 자신의 생명보다 잭과의 관계를 더 가치 있게 여긴 결과물이었다.

좀 더 큰 공동체인 가족공동체를 보자. 부모가 자식을 위해서 목숨을 버린 사례는 셀 수 없이 많다. 때때로 자식 또한 부모를 위해 목숨을 걸기도 한다.

관계 즉, 공동체는 목숨도 버리게 만드는 무언가가 있는 것이다. 이 글을 보며 누군가는 그들이 목숨을 바친 이유는 공동체 때문이 아니라 사랑 때문이 아니냐고 반문할 수도 있다(사랑의 개념이 워낙 광범위하기에 틀린 말은 아니다).

그렇다면 좀 더 넓은 범위의 공동체를 생각해 보자. 태평양 전쟁에서 있었던 가미카제 특공대원들은 천황을 위시하여 형성된 일본이라는 국가공동체에 소속된 구성원이었다. 그들은 천황을 위해, 국가공동체를 위해 기꺼이 목숨을 바쳤다. 이슬람의 종교 공동체에서는 현재까지도 몸에 폭탄을 둘러매고 목숨을 버리고 있다. 이들도 사랑 때문에 목숨을 바친 것일까? 아니다. 그들은 공동체를 자신의 목숨보다 더한 가치로 여기고 그 규율에 복종한 것이다.

독일의 사회심리학자 에히리 프롬은 자신의 저서《자유로부터의 도피》에서 이러한 현상을 인간이 고독감을 해소하기 위해 스스로 공동체의 규율에 구속되고 자신의 자유를 포기한다고 설명했다. 다시 말해 규율은 자유를

빼앗고 우리를 구속하지만 소속감을 느끼게 함으로써 고
독감으로부터 해방시켜 주는 중요한 역할을 담당한다는
것이다. 공동체는 우리에게 목숨과 바꿀 정도의 가치 있
는 무언가를 제공하고 있는 것이다.

우리는 공동체
안에서 규정된다

한번 생각해 보자. 당신은 어떤 사람인가? 당신은 사람들에게 좋은 사람인가? 나쁜 사람인가? 당신은 스스로 행복한 사람인가? 불행한 사람인가? 당신은 다른 사람들로부터 칭찬과 존경을 받는 사람인가? 비난과 멸시를 받는 사람인가? 당신은 지적이고 냉철한 사람인가? 감정적이고 다혈질인 사람인가? 당신은 다른 누군가에게 가치 있는 사람인가? 가치 없는 사람인가?

누구나 이런 경험 해보았을 것이다. A와의 관계에서

는 분명 내가 좋은 사람이지만, B와의 관계에서는 나쁜 사람이었던 경험. 마찬가지로 당신은 누구와 함께하느냐에 따라 행복한 사람일 수도, 불행한 사람일 수도 있다. 이처럼 당신의 존재에 대한 평가와 가치는 누구와 관계를 맺고 있는지, 어느 공동체에 속해 있는지에 따라 다르게 규정된다.

앞의 예시에서 나싸움은 분명 그들만의 친구 공동체 내에서 힘이 세고 호기로운 사람이었다. 그러나 법을 중요시하는 명문 대학 법대생들이 모여 있는 동아리에서 나싸움은 그저 주먹 쓰기 좋아하는 거친 사람 정도로 평가될 것이다. 반대로 나착해는 그들에게 불법행위의 공범으로 가담하지 않은 매우 칭찬받을 만한 사람으로 평가될 것이다. 과거 친구들 사이에서 겁 많고 의리 없는 친구라는 평가를 받았던 것과는 정반대의 평가를 받게 되는 것이다.

가끔 나는 테니스를 친다. 테니스를 쳐본 사람들은 알겠지만 코트장에 나가면 보통 게임을 하거나 공을 주고

받는 랠리를 한다. 이때 공을 치는 당사자 간의 실력 차이가 많이 나면 문제가 생긴다. 한쪽은 계속해서 공을 주우러 다녀야 하기 때문이다. 이런 경우 공을 줍는 쪽은 재미를 느끼지 못할 것이다. 때론 짜증이 날 수도 있다. 그래서 테니스 동호회에서는 테니스 실력이 좋은 사람이 가장 가치 있는 사람으로 평가받는다. 실력자는 나의 공을 잘 받아 줄 뿐만 아니라 내가 공을 잘 칠 수 있도록 공을 정확한 위치에 바르게 넘겨주기 때문이다. 테니스 동호회라는 공동체에서는 사회적으로 높은 가치 평가를 받는 의사, 변호사와 같은 직업의 종사자라 할지라도 테니스 실력이 없으면 저평가받는다. 오히려 학생 때 테니스 선수 활동을 했던 사람들이 더 큰 환영을 받는다. 더 나아가 테니스 대회에서 수상 경력이 있는 사람은 가입비를 면제받기도 한다.

그러니 우리 모두는 여기서는 맞고 저기서는 틀릴 수 있다.

우리 자신의 가치는 지금 이 순간 누구와 관계를 맺고

있는지, 어느 공동체에 소속되어 있는지에 따라서 평가가 완전히 뒤바뀔 수 있다. 이 사람과 있을 때는 나의 존재가치가 크게 느껴지고 자존감이 높았던 반면, 저 사람과 있을 때는 왠지 모르게 나의 가치가 낮게 느껴져 우울감에 휩싸일 수도 있다.

지옥도 속
가치지향점

넷플릭스 연애 프로그램 〈솔로지옥2〉에는 완벽에 가까운 스펙을 지닌 남자 출연자가 대거 나온다. 그중 한 명은 SKY대학 의대 출신에 레지던트를 수료한 성형외과 전문의였다. 그는 준수한 외모에 몸도 좋고 영어도 잘하는 그야말로 완벽한 남자였다. 그러나 안타깝게도 그는 자신이 마음에 들었던 여성 출연자로부터 거절을 당했다.

상대 여성은 고졸 출신에 유튜버가 직업인 남자를 마

음에 두고 있었다. 상대 여성이 바라보는 가치지향점, 다시 말해서 상대 여성이 남자를 평가하는 세계관(규율)이 그와 맞지 않았던 것이다. 성형외과 의사는 결국 공동체 안에서 어떤 여성에게도 선택받지 못했다. 그렇다면 그는 남자로서 매력이 없는 것일까? 그는 결국 이 세상 모든 여성으로부터 선택받지 못하게 될까? 그렇지 않을 것이다. 프로그램 속 여성 출연자가 고졸 출신의 유튜버가 직업인 남자의 진가를 알아준 것처럼, 성형외과 의사 또한 그의 가치를 알아주는 사람을 만날 수 있을 것이다.

솔로지옥 안에서는 일시적으로 지옥도라는 공동체가 형성되었고, 그 안에서 남성들이 높게 평가하는 가치지향점과 여성들이 높게 평가하는 가치지향점이 생겨났을 것이다. 이것은 점점 그 공동체의 보이지 않는 규율로 발전하고 그 규율에 적합한 이성은 인기를 끌게 된다.

그러나 남녀가 모여 공동체를 형성했다고 해서 항상 모두 일정한 가치를 추구하지는 않는다. 공동체가 형성된 때와 장소에 따라 남녀가 추구하는 가치는 달라질 수

있기 때문이다. 이를테면 직장 내에서 형성된 남녀공동
체에서 남녀가 추구하는 가치지향점과 무인도에서 남녀
가 추구하는 가치지향점은 다를 수 있다. 즉, 솔로지옥이
라는 프로그램 내의 지옥도 안에서는 남녀 모두 그곳에
서 추구하는 가치지향점을 기준으로 이성을 평가한 것
이다.

 따라서 자신이 누구와 관계를 맺고 있는지, 속해 있는
공동체가 어떤 사람들로 구성되어 있는지에 따라서 평가
가 달라질 수 있다는 점을 잊지 말자. 누구나 타인과 관
계를 맺음으로써 공동체를 형성하고 형성된 공동체의 세
계관에 영향을 받는다. 자신이 속해 있는 공동체가 이 세
상의 전부라고 여긴다면 그 공동체의 규율 안에만 갇혀
스스로를 제대로 평가하지 못하게 될 수도 있다.

3장

좋은 공동체를 선택하라

좋은 공동체에는 좋은 규율과 좋은 리더가 있다

절대적 정답은
관념 속에서만 존재한다

우리가 바라보는 초록색은 과연 '절대적인' 초록색일까? 아닐 수 있다. 색맹 유전자를 가진 사람들이 볼 때 같은 초록색도 빨간색으로 보일 수 있기 때문이다. 또한 개의 눈으로 보면 그냥 회색으로 보일 것이다(개는 인지하는 색상의 범위가 한정되어 있어 특정 색을 제외하곤 흑백으로 보인다고 한다). 우리가 보는 휴대전화에서의 노란색은 또 어떤가? 현미경으로 확대해 보면 노란색은 빨간색과 초록색 두 개의 픽셀로 구성되어 있다. 이처럼 우리는 어떤 색상을 보더라도 그 색상이 언제까지나 절대적일 수는 없는 것이다. 심해 깊은 곳과 우주 밖에서 같은 색을 비교해 볼 때 분명 그 색상은 다르게 보일 것이다.

우리는 전기 시대에 살고 있다. 휴대폰, 컴퓨터, 자동차까지…. 전기 없이는 살아갈 수 없다고 해도 과언이 아니다. 이 모든 전기를 이용하는 제품은 전자의 이동에 따른 에너지로 작동한다. 과학 시간에 자주 배웠던 '전자'를 한번 살펴보자. 이 우주공간을 이루고 있는 모든 물질의 최소단위는 '원자'이다. 이 원자는 원자핵(+극)을 중심으로 전자(-극)가 구름처럼 주위를 둘러싸고 움직이고 있다. 원자핵을 축구공 크기라고 한다면 전자는 서울 왼쪽 끝에서 오른쪽 끝까지의 거리만큼 떨어져 있는 먼지 수준의 크기이다. 즉, 우리가 눈으로 보는 물질을 확대해보면 그 사이사이가 텅텅 비어있다는 것이다. 과거엔 이 공간을 줄여 사람의 몸을 개미처럼 작게 만드는 〈앤트맨〉이라는 영화가 상영되기도 했다.

여기까지도 신기할 노릇인데 더 놀라운 사실이 있다. 어느 날 과학자들은 이 전자가 입자(다른 물질과 충돌하면 뚫고 가지 못함)인지 파동(다른 물질을 뚫고 지나감)인지를 실험했다. 이중슬릿을 만들고 전자총으로 전자를 여러 개 쏴서 슬릿 뒤에 두 줄이 나오면 입자이고, 여러 줄이 나오면 파동이라 판단하는 실험을 한 것이다. (아래 그림 참고)

 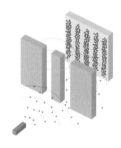

실험 결과 스크린에는 여러 줄이 나왔고 과학자들은 전자는 파동이라는 결론을 내렸다. 그동안 전자를 입자라고 여겼던 과학자들은 이 실험 결과를 믿기 어려웠다. 따라서 전자가 이중슬릿(구멍)을 어떻게 통과하는지 그 과정을 관찰(관측)해 보기로 했다. 그런데 놀랍게도 스크린에는 두 줄이 생겼고 이 전자는 입자의 성질을 명백히 보여주었다. 관찰하지 않았을 때는 눈에 보이지 않는 파동의 성질이었는데 관찰하니 눈에 보이는 입자의 성질로 바뀐 것이다. 이것은 마치 태양계의 어느 행성이 관측 (상호작용)되지 않았을 때는 눈에 보이지 않는 파동의 형태로 존재하다가 우리 인간이 관측(상호작용)을 시작하자 비로소 눈에 보이는 것과 같은 것이다. 마치 컴퓨터의 시뮬레이션 세계처럼 말이다. 테슬라의 CEO 일론 머스크 가 미국의 한 방송에서 "이 세상이 시뮬레이션(가상현실) 이 아닐 가능성은 10억분의 1이다."라고 말한 것은 그가 미친 사람이라서 한 소리가 아니다. 이것이 현대 물리학 의 양자역학 이론이다.

모든 문제에 대한 정답이 정확히 떨어지는 대표적인 학문이 있다. 바로 수학이다. 하지만 수학의 세계는 관념 속에서만 존재할 뿐 현실에서 항상 정답인 것은 아니다. 점과 선이라는 개념은 관념 속의 개념일 뿐이다. 현실에 서는 점을 찍는 순간 원이 된다. 칠판에 분필로 점을 찍 는다고 생각해 보자. 이 점들을 확대해 보면 하나의 원으로 보인다. 선 역시 마찬가지다. 선을 칠판에 그리는 순간 확대하면 면이 되는데 이것은 선은 길이만 있고 폭을 가질 수 없다는 정의에 맞지 않게 된다. 1 더하기 1이 항상 2라는 수학의 법칙은 실제 세상에서 늘 옳은 것은 아니다. 남자 한 명과 여자 한 명이 만나 총 세 명이 될 수도 있고 열 명이 될 수도 있다. 물방울 한 개와 물방울 한 개가 만나면 물방울 두 개가 아닌 하나가 되기도 한다.

우리가 살아가는 이 세상은 자연과학의 질서와 사회과학의 질서가 함께 공존하고 있다. 자연과학의 질서 안에서 정답이 정확히 맞아떨어진다고 해서 사람들이 모여 함께 살아가는 사회과학의 질서도 그러할 것이라고 생각하는 것은 큰 착각이다. 예를 들어 '물을 100℃로 가열하면 기체로 변한다'와 같은 현상은 예외가 없다. 하지만 사회과학 현상에서는 이야기가 조금 다르다. 예컨대, 인플레이션으로 경제를 활성화시킨다는 명제가 성립할 수도 있지만, 인플레이션으로 인해 물가가 상승하고 이를 막기 위해 금리를 올리다 보면 오히려 경기 침체가 올 수도 있다. 이처럼 사람들이 모여 살아가는 사회과학의 현상에는 늘 예외가 존재한다. 심지어 현대물리학은 양자역학을 통해 자연과학의 현상에서조차 단 한 가지 정답만이 존재할 수 없다는 사실을 밝혀냈다.

정리하자면 전자가 입자일 수도 있고 파동일 수도 있는 것처럼, 우리가 함께 살아가는 공동체의 문제도 한 가지로 결론 내릴 수 없다. 사형제를 존속시킬 것인가 말 것인가?, 낙태를 범죄로써 처벌할 것인가 말 것인가? 존엄사(의사 조력자살)를 허용할 것인가 말 것인가?, 성소수자의 결혼을 가족법상 허용할 것인가 말 것인가? 이처럼 아직도 우리 사회에는 정답을 찾지 못한 채 논쟁 중인 사안들이 너무나도 많다. 결국엔 민주주의의 원리 중의 하나인 다수결의 원칙에 따르겠지만 타인의 관점에 대한 존중 없이 내 생각만이 정답이라고 극단적으로 주장하는 것은 독단, 그 이상도 이하도 아니라는 것을 잊지 말아야 한다.

다양한 문화를
이해하고 존중하는 마음

20대 때 나는 이런저런 아르바이트를 했었는데 한번은 막노동 현장에 나갔던 적이 있었다. 새벽부터 인력시장에 나가 현장을 배치받기 위해 대기하는데 그때가 되면 노동자들은 모두 같은 마음을 하고 있다. 그저 힘들지 않고 쉽고 편한 곳으로 배치받기만을 바라는 것이다. 어떤 현장은 점심시간이 되지도 않았는데 간단히 먹을 음식과 막걸리를 주기도 한다. 나도 그런 현장에 가본 경험이 있는데, 처음엔 굉장한 호의로 생각했다. 아침부터 고생하는 건설 노동자들을 위해 마음을 써주다니, 참 고맙다고 생각했다. 그러나 뭐든 공짜는 없는 법이었다. 당시엔 땀을 흘리며 열심히 일했으니 막걸리는 술로 여겨지지도 않았다. 그저 갈증 해소용 음료수쯤으로 생각하며 벌컥벌컥 마셨다. 그렇게 마시고 나면 술기운이 올라와 힘든 노동의 고통을 줄일 수 있었고 일의 능률도 올랐다. 막걸리는 노동자들이 좀 더 일을 잘하도록 돕는 일종의 촉진제(booster) 역할을 했던 것이다.

　최근에 건설 현장에서 오랜 기간 일했던 사람과 대화를 나눌 기회가 있었는데, 그는 내게 이런 말을 전했다. 한국의 젊은이들이 건설 노동 현장에 오기를 꺼린다는 것이다. 그래서 현장에는 외국인 노동자 비율이 늘어나고 있다고 했다. 그뿐만이 아니라 노동자 관리 감독의 위치에 있는 사람들(십장)이 이제는 중국인인 경우도 많다고 했다. 한국인이 건설 노동 현장에 일하러 가면 중국인으로부터 관리 감독을 받으며 업무지시를 받아야 한다는 것이다. 과거에 일했던 기억을 떠올리며 상상해봤다. 기분이 썩 좋지는 않았다. 하지만 우리는 이러한 변화를 기꺼이 받아들이고 감당해야만 한다.

교통과 통신의 발달로 세계는 하나가 되었다. 대한민국 사회도 마찬가지다. 다양한 문화권의 사람들과 함께 호흡하며 살아가고 있다. 또 국제결혼을 통해 그들을 자연히 우리 사회 구성원으로서 인정하며, 살아간다. 그러므로 우리는 과거보다 더욱 유연한 생각을 지니고 세상을 살아가야만 한다. 내가 속해 있는 공동체 그 세계관 속에만 매몰되지 않고 타인이 속해 있는 공동체의 세계관도 이해하려고 노력하며 살아야 한다. 지금은 그렇게 다양한 문화를 존중하며 배려하고 살아가야만 하는 시대다.

내가 틀릴 수도 있다는 생각과 나보다 더 좋은 정답이 존재할 수 있다는 가능성을 늘 열어 둔 채 살아야 한다. 우리 모두가 타인의 관점에 대해서 이해하고 배려하며 살아갈 때 공동체는 더욱 건강하고 따뜻해질 것이다.

모든 공동체가
당신을 좋아할 수 없다

　우리는 다양한 생각을 가진 사람들과 함께 모여 살아
간다. 처음엔 한 몸이었다가 둘로 나누어진 일란성 쌍둥
이도 서로 좋아하는 음식이 다르고, 음악 취향이 다르다(
심지어 지구인 중에는 쌍둥이임에도 반대 성향을 가진 경우도 있다).
과연 지구에서 살아가는 79억의 인구(2021년 9월 기준) 중
당신과 똑같은 사람이 한 명이라도 있을까? 없을 것이
다. 이 세상 사람들 모두 생긴 것도, 생각하는 것도, 행동
하는 것도 다 다르다. 공동체도 마찬가지다. 각기 다른
사람들이 모여 형성된 공동체는 그 규모도 다르고, 공동

체의 가치지향점도, 규율도, 문화도 다르다.

앞서 언급한 내용처럼 공동체는 서로 다른 세계관과 문화를 가지고 있다. 즉, 당신이 아무리 훌륭한 사람이라 할지라도 지구상의 모든 사람으로부터 긍정적 피드백을 받을 수는 없다.

예를 들어 당신이 공부만 잘하는 학생이라면 공부하는 것보단 놀기 좋아하는 학생들로부터 결코 좋은 평가를 받을 수 없을 것이다. 당신이 공부 쪽에 소질은 없지만 외향적이고 놀기를 좋아하는 학생이라면 공부 잘하는 내향적인 학생들은 당신을 불편하게 여길 확률이 높다. 당신이 기독교인이라면 이슬람교도들이 당신을 좋아하지 않을 것이며, 당신이 이슬람교인 이라면 기독교인들이 좋아하지 않을 것이다. 당신이 정치적으로 보수적 성향을 가진 사람이라면 진보적 성향을 가진 사람과 대립할 수 있고, 진보적 성향을 가진 사람이라면 보수적 성향을 가진 사람과 의견 충돌이 있을 수 있다. 세상의 모든 관점을 수용할 수도 없고, 요구에 응할 수도 없다.

즉, 모든 공동체의 세계관을 충족시키는 것은 불가능하다는 것이다.

대한민국에서 최소 약 1,500만 명의 이상의 사람들로부터 미움을 받는 사람이 있다. 그가 바로 우리나라에서 가장 영향력이 크며 최고의 권력을 지닌 대한민국 공무원 조직의 수장인 대통령이다. 우리나라의 사람들의 정치적 성향을 어림잡아 구분 지을 때 보통 보수 지지층 30%, 진보 지지층 30%, 나머지 무당층(중도층) 40%라고 말한다. 5년에 한 번씩 치러지는 대통령 선거에서 대한민국은 늘 거대보수 정당과 거대 진보정당이 양분되어 싸운다. 대통령 후보가 아무리 성공한 정치인이라 할지라도 그의 생각에 반대하는 30%의 사람들은 그를 좋아하지 않는다.

우리나라에서 가장 영향력을 크게 행사하는 대한민국 의전 서열 1위인 대통령조차도 국민의 30%로부터는 환영받지 못하는 것이다. 하물며 평범한 삶을 살아가는 우리는 어떻겠는가? 우리가 몇몇 사람 또는 공동체로부터 소외당하고 환영받지 못한다고 해서 타격감을 느낄 필요가 있을까?

모든 사람 또는 공동체가 나를 좋아해 주기를 바라는 것은 지나친 욕심이다.

당신 몸에 어울리는
옷을 입어라

우리에게 주어진 삶의 시간은 얼마나 될까? 내 기준으로 봤을 때 하루 24시간 중 오롯이 나에게만 쓸 수 있는 자유시간은 3시간 정도이다. 잠자는 시간 7시간, 일하는 시간 8시간, 출퇴근에 소비되는 시간 2시간, 씻고 밥을 먹는 데 소요되는 시간 3시간, 운동하는 시간 1시간 등을 제외하고 나면 내게 남은 자유시간은 3시간 남짓 되기 때문이다. 하루 24시간 중 8분의 1만이 나를 위해 쓸 수 있는 시간인 셈이다. 우리에게 주어진 삶의 시간을 대략 80년이라고 한다면 실제 우리에게 주어진 자유의 시간은 고작 10년밖에 안 된다는 말이다. 거북이도 200년은 산다고 한다. 그러니 우리에게 주어진 인생의 시간은 생각보다 너무 짧다.

중요한 건 우리는 이렇게 짧은 시간 중 많은 시간을 다른 사람들과 관계를 맺으며 공동체에 소속되어 살아간다는 것이다. 이런 귀중한 시간을 나와 잘 맞지도 않고 자존감을 떨어뜨리게 만드는 공동체에서 허비한다고 생각해 보라. 억울한 마음이 들지 않는가. 시간 낭비가 아닐 수 없다. 이왕이면 나와 잘 맞고 나의 자존감을 높게 유지 시켜줄 수 있는 사람들과 관계를 맺고 또 그런 공동체에 소속되어 살아가는 것이 현명하다.

관계 또는 공동체를 옷에 비유할 수도 있다. 우리는 좋은 옷을 자유롭게 선택해서 입을 권리가 있듯, 다른 사람과의 관계 또는 공동체도 자유롭게 선택할 수 있다. 친구를 선택할 수 있고, 회사를 선택할 수 있다. 당신은 종교를 선택할 수 있고, 동호회를 선택할 수 있다. 어떤 옷은 다른 사람들이 입으면 잘 어울리는데 내가 입으면 유독 안 어울리기도 한다. 반대로 다른 사람들에게 잘 어울리지 않는 옷이 나한테는 잘 어울리기도 한다. 당신에게 잘 어울리는 옷이 있고 잘 어울리지 않는 옷이 있듯, 당신에게 잘 어울리는 사람과의 관계 또는 공동체도 있고 당신과 잘 맞지 않는 관계 또는 공동체도 있다.

당신에게 좋은 피드백을 주며 당신의 가치를 인정해 주고 긍정적인 말과 에너지로 당신을 북돋워 주는 공동체가 있는가 하면, 당신의 가치를 평가 절하 하며 당신에게 상처를 주고 자존감을 떨어뜨리는 관계 또는 공동체도 있다. 당신에게 긍정적이고 항상 좋을 말로 피드백을 주는 공동체라면 당신은 기꺼이 오랜 시간을 그 공동체와 함께 보내도 된다. 반면에 당신에게 부정적 피드백을 가하고 상처를 주는 공동체에 소속되어 있다면 진지하게 그 공동체의 옷을 벗어 던지는 것을 고려해 보아야 한다.

당신의 체형과 피부색에 잘 맞고 당신과 어울리는 옷을 골라서 입으면 된다. 다시 한번 강조하건대 당신의 가치를 잘 알아주는 공동체를 선택하여 시간을 보내길 바란다. 세상에는 매우 다양한 사람들이 함께 살아가고 있으며 너무나도 많은 공동체가 존재한다. 자신의 몸에 맞는 옷을 골라 입는 것은 당신의 자유이자 권리이다. 몸에 맞지도 않는 옷을 억지로 껴입으면서 고통 속에서 인생을 허비할 이유가 없지 않은가.

옷도 시간이
지나면 변한다

처음에 내 몸에 잘 어울리던 옷도 시간이 지나면 어울리지 않게 느껴질 수 있다. 반대로 처음에는 안 어울리던 옷이었는데 시간이 한참 지난 뒤에 다시 꺼내 입으니 어느 순간 내 몸과 잘 맞아 입게 되는 경우도 있다.

앞에서 예로든 김장교는 부정적인 피드백을 주는 공동체 안에서 너무나 괴로워했다. 그는 나에게 어렵게 말을 꺼냈다. 물론 본인보다 나이가 훨씬 많은 중사에게 바로 말을 놓는 것은 조심해야 할 부분이지만 그는 그저 교육받은 대로 했을 뿐이었다. 하지만 그를 둘러싼 부사관들의 입장은 달랐다. 심지어는 그 부사관들과 친한 같은 장교 동기들까지 그에게 부정적인 피드백으로 대응했다.

나는 김장교에게 실수를 인정하고 그 부사관들과 다시 이야기를 나눠보라고 조언했다. 그는 내 말을 따랐지만 그를 둘러싼 공동체는 변하지 않았다. 어린 시절부터 꿈꿔온 한 청년의 원대한 꿈이 고작 기껏해야 열 명도 채 안 되는 그 작은 공동체 안에서 무너진 것이다.

살아가며 누구나 이와 같은 실수 아닌 실수를 하며 그로 인해 공동체 내에서 처벌을 받기도 한다. 그때 느끼는 괴로움의 강도와 상처는 그 공동체에 대해 얼마나 애착이 있었는지, 자신이 추구하는 가치지향점과 공동체가 얼마나 일치했는지(준거집단인가)에 따라 달려있다. 김장교는 청소년 시절 군 간부공동체에 소속되기를 꿈꿔왔고 또 힘들게 노력해서 그 공동체에 소속되었다. 그렇게 어렵게 원하는 옷을 입었는데 막상 입어보니 옷이 잘 맞지 않아 고통스러웠던 것이다.

김장교에게 다시 조언해주었다.

"군대의 간부들은 영원히 그 자리에 머물러 있는 것이 아니다. 시간이 지나면 공동체의 구성원이 바뀌고 그에 따라 공동체의 규율과 가치지향점도 변하고, 문화도 바뀔 수 있다. 특히 장교들은 한 부대에 오래 머무르지 않는다. 너도 언젠가는 그곳을 떠날 것인데 그곳에서 부정적 피드백을 받았다고 해서 너의 꿈을 포기할 일인가? 시간을 기다리며 인내하라."

쉽게 설명하면 이런 것이다. 자신을 처벌 대상자로 낙인찍었던 그 중사가 다른 곳으로 갈 수도 있고 새로운 인물이 들어와 후배를 처벌하는 것이 아닌 긍정적 피드백을 주어 다시 공동체의 일원으로 잘 생활 할 수 있게 도움을 줄 수도 있다.

훗날 후배와 다시 통화했는데 그와 사이가 좋지 않았던, 그에게 부정적 피드백을 가하던 부사관이 다른 곳으로 가고 새로운 중대장이 전입해 왔는데, 부대 분위기가 바뀌어 지금은 매우 잘 지내고 있다고 했다. 처음엔 잘 안 맞던 옷이 시간이 지나고 변하여 다시 잘 맞게 된 것이다.

이처럼 나와 맞지 않아 장롱 속에 넣어두었던 옷이 세월이 흘러 다시 잘 맞을 수 있듯이, 사람과의 관계 또는 공동체도 시간이 지나 가치지향점이 변화되어 다시 잘 어울리게 될 수도 있다.

우리의 체형도
변한다

　　나이를 먹으면 우리의 체형은 변한다. 날씬했던 몸이 뚱뚱해지기도 하고 반대로 뚱뚱했던 몸이 날씬해지기도 한다. 체형만 변하는 것이 아니다. 우리의 생각도 변한다. 과거에는 가치 있게 여겼던 것을 지금은 가치 있게 여기지 않기도 하고, 반대로 과거에 가치 있게 여기지 않았던 것을 지금은 가치 있게 여기기도 한다. 우리는 시간이 지나며 모두 변한다.

　　나는 어릴 때부터 피부에 큰 신경을 쓰지 않고 살았다.

어린 시절 여름 내내 동네 강가에서 한참 동안 수영하고 나면 여름이 끝나갈 무렵 피부 껍질이 새까맣게 타 벗겨지곤 했다. 나만 벗겨졌다면 이상하게 여겼을 텐데 함께 수영하고 놀았던 형, 동생, 친구들 모두 같이 벗겨져서 그때는 창피한 줄도 몰랐다. 매년 일어나는 자연스러운 현상쯤으로 여겼다. 껍질이 벗겨지고 나면 새로운 피부가 하얗게 보이기 시작했는데, 당시 나는 어설프게 태워서 새카만 피부를 유지하느니 차라리 태울 때 확실히 태워서 껍질이 잘 벗겨지는 편이 낫다고 생각했다. 그때는 그게 나의 가치지향점이고 세계관이었다.

그러나 성인이 된 이후 나는 전과는 다른 가치지향점을 가지게 되었다. 자전거를 타고 세계 여행하는 것이 꿈이기에 국내부터 곳곳을 다녀보기로 했다. 30대에는 인천에서 부산까지 자전거 국토 종주를 마쳤고, 40대가 된 얼마 전에는 자전거를 타고 제주도 한 바퀴 돌기도 했다. 9박 10일간의 여정이었다. 물론 선크림 같은 자외선 차단제는 준비물에 포함되지 않았다. 당연히 피부가 새카맣게 탔다. 어릴 때처럼 껍질이 벗겨지지는 않았지만 금방 제 살로 돌아오겠거니 했다. 그러나 얼마 후 거울을 봤는데 얼굴에 없던 주름이 생겨서는 안 없어지는 것이었다. 그때 나는 처음으로 피부 관리를 해야겠다고 생각했다. 그 이후로는 모자도 잘 쓰고 선크림도 자주 바르려고 애쓰고 있다.

시간이 지나 나의 몸도 바뀌고 생각도 바뀐 것이다. 나의 바뀐 생각이 관계 문제에서도 변화를 일으킬 수 있다. 선크림의 중요성을 깨달은 나는 주위 친구들에게 선크림을 꼭 발라야 한다며 잔소리하곤 했다. 나의 변한 가치지향점을 타인과의 관계에서 규율로 적용한 것이다. 친구와의 대화에서 그동안 피부에 관한 주제는 나온 적이 없었는데 내가 갑자기 잔소리를 쏟아내자 어느 친구는 어색한 반응을 보였다. 다행히도 그런 일은 없었지만, 만약 그 친구가 까만 피부 때문에 스트레스받고 있었다면 나의 이야기가 아니꼽게 들렸을 수도 있다. 관계에 작은 금이 갈 수도 있는 것이다.

이처럼 나와 잘 맞던 관계나 공동체도 시간이 지나면

잘 맞지 않을 수 있다. 세상을 보는 눈이 넓어지고 세계관에 변화가 생기면서 기존에 속해 있던 공동체 규율과 문화가 잘 맞지 않는다고 여겨지는 것이다. 이때 공동체는 바뀐 당신을 두고 부정적 피드백을 가하며 처벌할지도 모른다. 이것은 그 공동체가 규율을 유지하며 생명을 존속시키기 위해서 당연히 해야만 하는 처사이다. 그러니 당신은 그로 인해 자존감이 떨어지거나 속상해할 필요가 전혀 없는 것이다.

연인 관계를 보자. 20대의 남녀가 서로 사랑해서 연인 관계로 발전했다. 그렇게 행복한 나날을 보내다 어느덧 둘은 30대 중반, 결혼할 나이가 되었다. 20대 때의 여자는 남자의 직업이나 사회적 능력보다는 그저 자신과 잘 맞는 성격과 외모가 마음에 들었는데 결혼할 나이가 되자 다른 것이 눈에 들어오기 시작했다. 아직 취업도 제대로 하지 못하고 있는 남자와 결혼하여 함께 살아도 괜찮은지 고민하게 되는 것이다. 여자의 가치지향점 즉, 세계관이 바뀐 것이다. 여자는 남자친구에게 바뀐 규율(문화)을 제시하기 시작한다. "너도 결혼 준비하려면 이제 취직해야 하지 않겠니?"라고 말이다. 결국 둘 중 한 사람은 이 공동체 안에서 상대에게 부정적 피드백을 전할 것이고 관계 문제를 해결하지 못할 경우 처벌(이별 통보)을 하게 될 것이다.

우리는 변한다. 만약 당신이 매우 중요하게 여기는 공동체로부터 부정적 피드백과 처벌을 받는 것이 싫다면 당신의 체형(세계관)을 옷(공동체)에 맞추어야 한다. 그렇게 스스로 고통을 감내하며 공동체에 본인의 세계관을 맞추며 살아야 하는데, 그 과정에서 자존감이 올라가 행복할 수도 있고 자존감이 떨어져 불행할 수도 있다. 만약 자존감이 낮아져 우울한 감정이 밀려온다면 속해 있는 공동체에 대해 스스로 깊게 성찰해 봐야 한다. 그 속에서 당신이 정말로 행복할 수 있는지를 말이다. 행복할 수 없다는 결론이 나올지라도 당신 자신을 탓하지 않았으면 한다. 어쩌면 너무 커진 당신의 세계관을 담아내기에 그 공동체의 그릇 크기가 모자라는 것일 수도 있다. 아기 새가 성장하면 어미 새의 둥지를 떠나야만 한다. 우리 인간도 성인이 되면 부모님 곁을 떠나 새로운 가정을 꾸리듯, 성장하다 보면 몸담았던 공동체를 떠나야 하는 상황이 생길 수도 있다. 헤어짐은 슬픈 일이지만 때로는 받아들여야 한다.

꼭 입어야 하는
옷이 있다면

　　나의 체형에 맞지는 않지만 꼭 입고 싶은 옷이 있을 수 있다. 그럴 땐 체중을 감량하는 등 내 체형을 옷에 맞춰야 한다. 육군사관학교에 입학한 생도들은 졸업하기 위해서 엄청난 규율들을 감내하며 지켜내야만 한다. 숙소마다 있는 무인 매점은 월 단위로 결산을 한다. 이때 계산이 맞지 않으면 그 매점을 이용하는 생도들은 단체 기합을 받는다. 이처럼 이들은 규율을 지켜야만 생도 생활을 무사히 마칠 수 있다. 감독관 없이 시험을 치르는 생도들 역시 철저히 자신이 공부한 내용만을 가지고 시험을 치러야 한다. 컨닝을 한다면 그 공동체의 규율에 따라서 부정적 피드백을 받고 퇴출당하게 될 것이다. 따라서 특정 공동체가 정말 마음에 들고 반드시 입어야만 하는 옷이라면 자신의 체형을 옷에 맞추는 고통을 감수해야만 한다.

만약 당신이 직업 군인으로 군 생활을 오래 하고 싶다면 당신이 소속되어 있는 공동체의 규율을 빨리 파악하고 자신을 그 규율에 맞춰야 한다. 내 상관은 어떤 생각을 하고 있는지, 동료, 후배들은 어떤 생각을 하고 있는지 알아내고 그 공동체에서 지향하는 가치와 규율이 어떻게 형성되었는지 빨리 알아차리고 사회화 되어야 한다. 혹여 자신의 마음에 들지 않는 관계, 공동체가 형성되었다 할지라도 그 속에서 살아남기 위해서는 인내해야만 하는 것이다. 마음에 드는 옷을 입기 위해서 살을 빼는 것처럼 고통을 감수해야만 한다.

당신이 정말 가고 싶은 회사가 있다. 직원 복지도 좋고 연봉도 높다고 소문난 기업이다. 당신은 열심히 노력해서 그 회사에 들어갔다. 입사해서 보니 회사 건물도 깨끗하고 시설도 마음에 든다. 사람들 옷차림도 매우 세련되고 당신도 그 사람들처럼 세련된 사람이 된 것만 같아 이 회사가 무척이나 마음에 든다. 그렇다면 당신은 그 회사가 요구하는 규율에 복종하고 문화에 순응해야 한다. 회사의 규율과 문화가 마음에 안 들 때 정해진 절차에 따라 건의해 볼 수는 있지만, 만약 받아들여지지 않을 경우 인내해야 한다. 당신이 회사의 리더가 되어서 그 규율을 바꾸기 전까지는 말이다. 회사가 야근을 의무적으로 하는 분위기라면 가능하면 맞춰야 할 것이다. 회식 자리가 잦다면 체력을 길러 회식에 자주 참석해야 할 것이다. 그렇게 하지 않는다면 결국 공동체는 당신에게 규율을 적용해서 부정적 피드백을 주고 처벌을 할 것이다. 그리고 당신은 인간관계의 어려움과 자존감 문제를 호소하게 될 것이다.

북한 주민이 북한을 이탈하여 대한민국 땅으로 내려왔을 경우도 마찬가지다. 그들이 대한민국 공동체에서 적응하여 살기 위해서는 대한민국 공동체의 규율을 배우고 따라야만 한다. 실제로 북한 주민이 대한민국으로 들어오게 되면 국정원에서 철저하게 신원을 확인한다. 이후에 하나원이라는 북한 이탈 주민 정착 지원사무소에서 약 6개월간 교육을 받는다. 대한민국에서 집을 사려면 어떻게 해야 하는지, 학교 시스템은 어떻게 되어 있는지 알아야만 하는 것이다. 민주주의가 무엇인지, 자유시장 경제체제가 무엇인지 공산주의와는 어떻게 다른지 교육받고 그 규율에 적응해야만 하는 것이다.

본인이 대한민국에 살기를 원한다면 대한민국 법을 따라야 하는 것이고, 북한에 살기를 원한다면 북한의 법을 따라야 한다. 기독교가 좋으면 기독교 교리를 따라야 하는 것이고 불교가 좋으면 불교 교리를 따라야 하는 것이다. 규율에 복종하지 않고 그 공동체에 소속될 수 없다. 당신이 소속된 공동체에 정말 마음에 안 드는 규율이 있다면 사람들을 모아 합법적인 저항권을 행사해 변화를 일으키거나 아니면 공동체의 리더가 되어 규율을 바꿔야 한다.

가족이라는
특수한 공동체

　　지금까지 타인과의 관계 속에서 형성된 공동체를 옷에 비유해서 설명했다. 우리는 옷을 자유롭게 골라 입을 자유가 있으며, 만약 본인이 선택한 옷이 시간이 지나 어울리지 않게 될 경우 자신과 어울리는 다른 옷을 찾으면 된다고 설명했다. 그런데 어떤 공동체는 우리의 주체적 의지와는 무관하게 선택되기도 한다. 누군가에 의해서 강제로 옷이 입혀지는 것이다. 태어나자마자 결정되는 가족이라는 공동체가 그러하다.

이 세상에 처음 눈을 떴을 때부터 나와 관계를 맺은 부모님을 떠올려 보자. 만약 신이 존재한다면 그의 의지에 의해서 우리는 태어났을 것이다. 즉, 부모, 자식 간의 관계가 무작위로 매칭되었는지, 보이지 않는 큰 계획에 의해서 인연이 맺어졌는지는 알 길이 없다. 한 가지 분명한 사실은 우리의 의지와 무관하게 정해졌다는 사실이다.

예를 들어 보자. 눈떠보니 당신은 어느 한 시골 마을의 초가집 지붕 아래 누워있다. 아버지는 농사꾼이며 밖에서는 닭 우는 소리, 개 짖는 소리가 들린다. 당신은 아무것도 모른 채 당신을 보살펴주는 사람들을 아빠, 엄마라고 부르며 살아간다. 그렇게 세월이 흘러 차츰 걷기 시작하고 당신 스스로 원하는 것들을 표현할 수 있는 나이가 된다. 당신의 아빠와 엄마는 다툼이 잦고 가끔은 큰 소리로 언성을 높이며 싸우기도 한다. 결국 당신이 중학생이 되던 해에 부모님은 이혼했고 당신은 엄마의 손에서 청소년 시절을 보내게 된다. 어쩌다 보니 당신은 그런 가정의 자녀로 살고 있는 것이다.

이번엔 다른 예시이다. 눈떠보니 당신은 천장이 매우 높고 그 크기를 가늠하기조차 어려운 공간에 누워있다. 말끔하게 정장을 차려입은 당신의 아빠는 저녁이 되면 당신과 얼굴을 마주하며 나긋나긋한 목소리로 당신에게 자장가를 불러준다. 엄마 역시 늘 온화한 미소로 당신의 이름을 불러준다. 평온한 나날이 이어진다. 유복한 환경에서 자란 당신이 가장 좋아하는 것은 당신 집 앞마당 잔디밭에서 뛰어노는 것이다. 어느덧 시간이 흘러 당신은 중학생이 되었다. 공부에 대한 압박감으로 스트레스를 받기는 했지만 그래도 나를 사랑해주는 사람들이 많은 이 공간이 싫지 않다. 어쩌다 보니 당신은 그런 가정의 자녀로 살고 있는 것이다.

우리는 그렇게 태어났다. 가난한 환경에서 태어나기도 하고 유복한 환경에서 태어나기도 했다. 건강도 마찬가지이다. 다른 친구들은 운동장에서 잘만 뛰어놀고 축구도 잘하는데 당신은 걷는 것조차 불편할 수도 있다. 다른 친구들은 학교에서 배우는 공부를 잘 따라가고 성적도 우수한데 당신은 학교 수업 내용이 이해도 안 가고 재미도 없게 느껴질 수도 있다.

당신의 몸이 불편하게 태어난 것도 건강하게 태어난 것도, 우수한 지적 능력을 소유한 것도 그렇지 않은 것도 모두 당신 잘못이 아니다.

한번은 부유한 가정에서 태어난 누군가가 가난한 것도 죄라는 말을 하여 논란이 일었던 적이 있다. 혹시 이 말에 동의 하는 사람이 있는가? 이 말에 동의하는 사람이 있다면 부모의 죄가 자식에서 대물림 된다는 연좌제 논리를 펼칠 것이다. 무속인이나 기타 종교인을 제외하고 연좌제를 자연스럽게 받아들이는 사람은 없을 것이다. 그래서 대한민국의 실정법은 연좌제를 허용하지 않는다. 누구도 우리가 이렇게 태어난 것을 두고 탓할 수 없다. 본인 의지로 가정을 선택하고, 국가를 선택하여 태어난 사람은 아무도 없으니 말이다.

나와 맞지 않는
옷을 수선하려면

옷이 나와 잘 맞지는 않음에도 억지로 입어야 하는 경우도 있다. 나의 의지와 무관하게 정해진 가족공동체가 그런 경우이다. 예컨대 당신의 아버지는 알코올 중독자에 경제적으로도 무능하며 폭언까지 일삼는다. 당신은 그런 리더를 둔 가족공동체에 속해 있다. 그럴 때는 어떻게 해야 할까?

앞에 제시한 방법대로 라면 당장 옷을 벗어 던지고 당신과 잘 어울리는 다른 옷으로 갈아입으면 된다. 하지만 대한민국 공동체의 규율은 법률상 성년이 될 때까지는 부모의 울타리 안에서 보호받도록 정해져 있다. 부모의 울타리를 쉽게 벗어날 수 없다는 것이다. 그럼에도 당신을 보호해야 할 가족공동체가 당신을 괴롭히고 힘들게 할 때, 즉 당신에게 매우 불편한 옷일 때에는 주변에 도움을 요청해 옷을 수선하는 방법이 있다. 가족공동체가 아동 청소년에 대한 보호를 잘해주지 못하는 경우, 이를 도와주는 사회복지 기관이나 상담센터에 도움을 요청하는 것이다. 가족공동체의 리더가 폭력을 일삼고, 불법행위를 저지르는 경우 대한민국 공동체의 규율 안에서 제한될 수 있다. 아동 청소년에 대한 기본적 인권을 침해하는 경우 대한민국 공동체의 규율 즉, 실정법에 저촉되어 강력한 처벌을 받게 된다. 다만, 대한민국에서는 부모에 대한 효 사상과 유교적 문화권의 영향으로 아동 청소년에 대한 기본권 침해를 강력하게 처벌하는 일이 미국처럼 많지는 않다. 하지만 점점 처벌이 강화되는 추세이다.

물론, 현실에는 그 어떤 보호도 받지 못한 채 사각지대 끝에서 간신히 살아가는 청소년들도 있다. 가정폭력

중 물리적 폭력과 불법행위가 수반되지 않고 주변 사회 복지 기관의 상담조차 효과가 없는 경우다. 대부분 가스 라이팅과 같은 정서적 학대 등이 이에 해당하는데 이러한 경우 스스로 공동체를 선택할 수 있을 때까지는 인내가 요구된다(아동 청소년 시기에 가출과 같은 방법으로 당장 공동체를 벗어난다면 또 다른 큰 시련이 닥칠 수도 있다).

혹, 아동 청소년기에 본인과 잘 맞지 않는 가족공동체의 옷에 의해 고통을 겪더라도 결국 이는 그 끝이 정해져 있는 한시적인 인내임을 기억해 줬으면 좋겠다. 성인이 된다면 새롭고 다양한 공동체에 소속될 수도 있으며, 독립한 후 새롭게 가정 공동체를 형성하거나 본인이 주체적으로 리더가 되어 규율과 문화를 만들고 공동체를 형성 할 수도 있다.

한시적 불편함에 대한 인내는 비단 가족공동체에서뿐만 아니라 성인이 되어서도 요구된다. 가령 다니는 회사가 마음에 안 들어 이직을 결심했다고 하자. 이직이 확정되기 전까지는 나와 잘 맞지 않는 옷을 입는 기간, 즉 한

시적 불편함을 감수해야 한다. 대한민국 남자라면 의무적으로 가야만 하는 군대 문제도 마찬가지이다. 군대 내에서도 크고 작은 공동체가 존재하여 나와 잘 맞을 수도 있고 맞지 않을 수도 있다. 이럴 때는 그 기간은 참고 버텨야만 한다.

공동체를 가볍게
여기면 안 되는 이유

나는 앞서 물질을 구성하는 전자가 눈에 보이지 않다가도(파동의 성질) 관측을 시작하면 갑자기 눈에 보이는(입자의 성질) 양자역학에 관해 설명했다. 여기서 관측은 '상호작용'을 의미한다. 즉, 우리가 무언가를 본다는 것은 그 무언가와 상호작용을 했다는 의미이다. 예를 들면, 컴퓨터 게임을 할 때 캐릭터가 가보지 않은 곳은(상호작용하지 않은 곳) 검은색으로 보일 뿐이다. 굳이 캐릭터가 상호작용하지 않는 곳까지 컴퓨터가 연산 처리를 할 필요가 없기 때문이다. 만약 나의 캐릭터는 가보지 않았지만 다른 캐릭터가 가보았다면(상호작용했다면) 그 공간은 연산을 하여 누군가의 눈에 보이게 될 것이다. 현대 물리학자들은 우리의 우주가 그런 원리로 돌아간다는 것을 실험을 통해 알아낸 것이다(이것은 우주가 가상현실이라고 보는 테슬라의 CEO 일론 머스크의 세계관이기도 하다). 우리는 무언가와 상호작용하여야만 물질로서 존재한다는 것이다.

눈에 보이는 것을 입자라고 한다면, 눈에 보이지는 않지만 존재하는 모든 것을 파동의 성질로 볼 수 있다. 소리, 감정, 마음, 정신 이런 것도 고유한 진동수를 가지는 파동이다. 우리가 초등학교 시절 실험했던 소리굽쇠를 생각해 보자. 탁자 위에 놓여 있는 소리굽쇠와 피아노의 건반의 소리 진동수가 일치할 때 눈에 보이지는 않지만 공명현상에 의해 소리굽쇠가 울린다. 우리의 마음도 같다. 우리 마음이 타인의 마음과 일치될 때 우리는 공명하는 것을 느낄 수 있다. 이것을 다른 말로 공감이라고 표현한다.

우리는 공감 받아야 한다. 우리는 우리의 의지와 무관

하게 지구상에 존재하게 되었고 다른 사람들이 부여한 가치 기준에 의해 평가받으며 살고 있다. 평가가 긍정적일 때는 행복하고 기분이 좋지만, 부정적일 때는 속상하고 억울한 기분이 들기도 한다. 내가 태어나고 싶어서 태어난 것이 아니며, 특정 상황을 선택해서 태어난 것도 아니다. 그래서 우리는 누군가로부터의 공감이 필요하다.

그런 의미에서 공동체는 결코 가볍게 여겨져서는 안 된다. 나에게 불편한 규율을 적용하는 사람 또는 공동체라고 해서 몸에 안 맞는 옷을 벗어 던지듯 쉽게 관계를 단절할 수는 없다. 공동체의 규율은 우리의 행동을 제약하는 것이고, 이것은 결국 구속을 의미한다. 자신의 자유를 억압하고 구속하는 것을 좋아하는 사람은 없다. 자유를 추구하는 인간에게 규율은 불편하고 거추장스러울 수 있다. 그렇다고 매번 관계를 깨고 공동체를 벗어나기만 한다면 우리는 어떤 공동체에도 소속되지 못한 채 고독감을 감수하며 평생을 살아야 할 수도 있다.

정리하자면 우리는 스스로 존재하기 위해서 타인과

관계를 맺어야 하고 또 누군가로부터 공감도 받아야 한
다. 공동체가 마음에 안 든다고 너무 쉽게 옷을 벗어 던
져도 안 되며, 어쩔 수 없이 버텨야만 하는 한시적 인내가
필요한 기간에는 옷의 수선(규율의 변경)을 위해 노력할 필
요도 있다. 당신이 누군가와 관계를 맺거나 그 공동체를
선택했다면 먼저 그 사람 또는 공동체가 어떤 가치를 추
구하는지를 이해하려고 노력해야 한다. 만약 오랜 시간
고민하고 갖은 노력을 했음에도 그 관계 또는 공동체가
추구하는 가치지향점, 규율, 문화가 당신과 맞지 않다고
느껴진다면 그땐 떠날 준비를 해야 할 것이다.

'I see you', 그 의미에 대하여

　우리가 사는 이 세상 만물을 크게 둘로 나눈다면 살아 있는 생명과 생명이 아닌 것 즉, 사물 또는 물건으로 나눌 수 있다. 바람직한 삶을 영위해 나가기 위해서 우리는 이 둘을 서로 다른 방식으로 구분하여 바라볼 필요가 있다.

　우선, 물건을 볼 때는 나의 시각 또는 내 관점으로 봐도 아무런 문제가 없다. 나의 눈에 어떤 물건이 빨간색으로 보이든, 회색으로 보이든 아무도 그것에 신경 쓰지 않는다. 그러니 그냥 내 눈에 좋아 보이면 좋은 거다. 같은 예로 값비싼 어떤 시계가 눈앞에 놓여 있다고 해보자. 남들 눈에는 매우 가치 있고 아름다워 보이는 시계일지라도 본인 눈에 그렇게 보이지 않는다면 그건 결국 값어치 없는 시계일 뿐이다. 반대로 남들 눈에는 별 볼 일 없는 물건이라 할지라도 본인에게 중요한 의미가 있는 물건이라면 그것은 매우 가치 있는 물건일 것이다. 이처럼 생명이 아닌 것 물건을 바라볼 때는 나의 관점이 매우 중요하다.

하지만 살아있는 생명을 볼 때는 이와는 다르게 바라봐야 한다. 영화 〈아바타〉에서는 누군가에게 인사를 할 때 'I see you(나는 당신을 봅니다)'라는 말을 쓴다. 생각건대 여기서 'see(본다)'는 상대를 그저 '물건 보듯이 바라본다'라는 뜻으로만 쓰이진 않았을 것이다.

이 인사의 의미를 이해하기 위해 다음 예를 살펴보자. 어느 날 자신이 키우는 강아지가 끙끙거리고 있는데 어쩐지 배가 고파 그런 듯하다. 그래서 밥을 줬는데 조금 먹는가 싶더니 다시 끙끙거리기 시작한다. 알고 보니 강아지는 배가 고팠던 것이 아니라 볼일을 보고 싶었던 것이었다. 볼일을 봐야 하는데 마땅한 장소가 없어서 끙끙거린 것이었다. 이 경우 내가 강아지를 제대로 본 것이 맞는 걸까? 내가 보고 싶은 걸 본 것일 뿐, 진정으로 강아지를 바라봐 준 것이 아니다.

정리해 보자면 이렇다. 생명을 바라볼 때 내가 보고 싶은 대로 생명을 본(see)다면 그것은 제대로 본 것이 아니다. 생명을 제대로 본다는 것은 생명의 입장이 되어 생명이 세상을 어떻게 보고 있는지, 그 관점으로 함께 바라봐 줘야 한다는 의미이다. 상대방이 세상을 보는 눈에 초점을 맞춰 함께 바라보는 것, 그것이 진정한 의미의 'I see you'라고 할 수 있다.

이렇게 물건을 바라볼 때와 생명을 바라볼 때는 보는 방법과 관점이 달라야 한다. 문제는 물건을 바라보는 방법과 생명을 바라보는 방법이 뒤바뀌어 있는 경우이다. 물건을 바라볼 때는 물건의 입장에서 그 물건을 바라보려 애쓰는 것이다. 이 물건은 이 원단을 써서 어떻고, 누가 디자인해서 어떻고 하면서 물건의 가치를 이해하려 애쓴다. 그래서 그 물건이 스스로 가격표를 높여서 "나 가치 있어요!"라고 외치면 사람들은 그 물건의 입장이 되어 그 물건이 진정 가치 있으리라 판단한다. 같은 원리로 일부러 가격을 올려서 물건이 더 잘 팔리도록 하는 마케팅 기법이 실제로 큰 효과를 보기도 한다.

반대로 생명을 바라볼 때는 생명이 세상을 어떻게 바라보고 있는지 그 입장을 헤아려 보려고 애쓰지 않는다. 그저 내가 보고 싶은 것을 그 생명에 투영하고 바라본다. 타인을 바라볼 때 쉽게 예단하고 자신의 눈에 보이는 것이 전부인 양 착각하는 것이다. 이렇듯 우리는 오히려 반대의 관점으로 대상을 바라보는 우를 종종 범한다.

누군가와 좋은 관계를 맺고 또 좋은 공동체에 소속이 되었다는 것은 내 생명을, 내 존재의 가치를 제대로 바라봐 주는 사람이 주변에 많다는 것을 의미한다. 당신이 어떤 사람 혹은 공동체와 관계를 맺고 있는데, 그 상대가 당신이 세상을 어떻게 바라보고 있는지 전혀 관심이 없고, 오로지 자신의 눈에 투영되는 모습으로 당신을 바라보며 그것이 진정한 당신이라고 속단한다면, 당신의 자존감은 매우 낮은 위치에 있을 것이다. 반대로 당신과 관계를 맺고 있는 당신 주변의 사람들이 당신과 같은 관점으로 세상을 함께 바라봐 주고 있다면, 당신의 자존은 매우 높은 위치에 있을 것이며, 당신은 하루하루 살아있는 즐거움과 행복감을 느낄 것이다.

다시 영화 〈아바타〉 이야기로 가보자. 영화 〈아바타2〉에서 '툴쿤'은 물의 부족인 멧케이나 부족의 규율을 어겨 공동체로부터 처벌당한다. '로아크'는 왕따가 된 '툴쿤'을 따뜻한 마음으로 바라봐준다. 자신이 위험에 처해 있을 때 '툴쿤'이 자신을 구해주었기 때문이다. 그때 '로아크'는 '툴쿤'의 세계관을 보았다. 로아크의 가족과 멧케이나 부족은 그런 '로아크'를 못마땅해했다. 그러던 어느 날 '로아크'에게 멧케이나 부족장의 딸 '츠이레야'가 다가와서 말한다.

"I see you(나는 당신을 보고 있어요)."라고. 이때 '츠이레야'는 '로아크'에게 그저 "왕따 툴쿤을 돌보는 당신을 보고 있어요."라고 말한 것이 아니다. "왕따 툴쿤을 바라보는 당신과 같은 관점으로 세상을 함께 보고 있어요."라고 말한 것이다. 자신과 같은 눈으로 세상을 함께 바라봐주는 '츠이레야'의 말을 들은 '로아크'의 마음은 어땠을까? 나는 "I see you."라는 대사가 "I love you."로 들렸다.

당신 주변은 어떠한가? 당신 주변에 관계를 맺고 있는 사람 혹은 공동체가 당신의 존재 자체를 가치 있게 여기고, 자신들의 관점이 아닌 당신의 관점으로 세상을 함께 바라봐 주려고 하는가? 그런 사람들이 많이 있는가? 그렇다면 당신은 좋은 관계를 맺고 있고, 또 좋은 공동체에 소속되어 있는 것이 분명하다. 누군가 당신이 세상을 바라보는 관점으로 함께 세상을 바라봐 준다면 그 사람을 소중하게 생각하길 바란다. 그 사람은 당신에게 없어서는 안 되는 꼭 필요한 존재이기 때문이다.

좋은 공동체에는
좋은 규율과 좋은 리더가 있다

타인과 관계를 맺거나 공동체를 선택할 때 또 하나 중요하게 보아야 하는 것이 바로 '규율'이다. 상대방 또는 공동체가 어떤 부분을 가치 있게 여기고 있는지, 당신이 어떤 부분을 지켜주기를 요구하고 있는지 주의 깊게 살펴야 한다. 공동체 내의 가치지향점 또는 규율이 당신의 자존감을 결정하는 중요한 기준이 될 것이기 때문이다.

좋은 공동체는 반드시 좋은 규율을 갖고 있다. 따라서 당신이 속한 공동체의 규율이 건강하고 누구나 납득할 수 있는 것인지 점검해보아야 한다. 무엇보다 그 규율은 당신과 잘 어울려야 한다.

앞에서 예를 든 고등학교 또래 집단 공동체의 경우 '술자리에서 다툼이 발생하면 함께 싸워야 한다'라는 규율을 가지고 있었다. 폭력을 행하는 것을 규율로 삼고 있는 공동체가 건강하고 좋은 공동체라고 말할 수 있을까? 물론, 자신을 보호하기 위해 어쩔 수 없이 행해진 폭력은 정당화 되기도 한다. 우리는 이것을 정당방위라고 한다. 그러나 의리를 목적으로 폭력에 가담해야 한다는 규율은 정당화될 수 없다. 엄연한 실정법 위반이기도 하다. 그 부당한 규율을 강요하고 따르지 않는 구성원에게 부정적 피드백을 가하고 처벌하는 공동체를 건강하고 좋은 공동체라 말할 수 없다.

또한 좋은 공동체는 좋은 리더를 보유하고 있다. 리더란 공동체 내의 구성원 간 발생하는 규율을 통제할 힘이 있고, 관리 감독할 위치에 있는 사람을 말한다. 공동체의 리더는 구성원들의 의견을 반영하여 공동체의 규율을 수정하기도 하고, 자신의 의지에 따라 있던 규율을 없애기도, 새롭게 만들기도 한다. 그러면서 공동체가 올바른 방향으로 향할 수 있도록 끊임없이 규율을 통제하고, 관리 감독한다.

리더는 공동체에 대해 막중한 책임을 지는 만큼 동시에 많은 권한과 혜택을 누린다. 공동체 내의 비상식적인 규율로 인해 구성원들의 삶이 망가지고 있다면 리더가 제 역할을 하지 못한 것이다. 앞서 예를 든 고등학교 또래 집단 공동체에서 리더가 된 나싸움이 "우리 앞으로 다른 사람들에게 폭력은 행사하지 말자."라며 공동체의 규율을 수정한다면 그 공동체는 더 건강하고 좋은 공동체가 될 수 있을 것이다.

규율과 리더는 같은 말로 볼 수 있을 정도로 리더의 역할은 중요하다. 공동체 내의 비상식적인 규율이 구성원들의 삶을 망치고 있다면, 이를 통제하고 관리 감독할 위치에 있는 리더가 책임을 지고 나서야 한다.

좋은 공동체는 좋은 규율을 지니고 있으며, 그 규율이 올바른 방향으로 향하도록 잘 통제하고 관리 감독하는 좋은 리더를 지니고 있다.

우리는 '법' 안에서
자유로울 수 있다

자유의지를 지닌 인간은 어떤 행동이든 하려고 마음만 먹으면 뭐든지 할 수 있다. 그러나 모든 이가 하고자 하는 행위를 모두 하면서 산다면 이 세상은 난장판이 될 것이다. 그래서 국가마다 실정법을 두고 그 국가공동체 구성원의 행위를 제한한다. 그 결과 우리에게는 할 수 있는 행동과 해서는 안 되는 행동이 있으며, 해야만 하는 행동이 있고 하지 않아도 되는 행동도 있다.

잠시 우리나라 법에 대한 이야기를 해보자. 자유의지

를 지닌 사람들이 삶 속에서 행하는 행위의 종류와 범위는 매우 다양하고 넓다. 따라서 이 모든 행위를 하나, 하나 일일이 다 실정법으로 규정할 수는 없다. 다만 우리의 행위를 규정하고 제한하는 실정법을 크게 두 가지로 분류할 수는 있다. 바로 형사법과 민사법이다. 많은 사람이 아는 것처럼 범죄 행위를 규정하고 그 행위를 범한 사람을 처벌하는 것을 형사법이라고 한다. 또한, 개인과 개인 사이에서 발생하는 다양한 분쟁을 정하고 그에 대해서 해결 방법을 제시하는 것을 민사법이라고 한다. 그렇게 발생한 사건을 두고 우리는 흔히 형사사건과 민사사건이 발생했다고 말한다.

개인과 개인 간의 폭력 사태가 발생할 경우에는 두 가지 실정법이 모두 적용된다. 우선 타인을 때린 행위를 범죄 행위로 규정했기 때문에 국가가 개입하여 처벌하는 형사사건이 존재한다. 그리고 형사 처벌과는 별개로 서로 간에 불법행위로 각자에게 손해를 끼쳤으므로 치료비 등의 손해배상을 해주어야 하는 문제 즉, 민사사건도 함께 존재한다.

어떤 행위를 범죄 행위로 규정하고 그 행위를 한 사람을 처벌하겠다는 형법을 적용하는 형사사건에도 매우 복잡한 사안들이 존재하지만, 개인과 개인 간의 분쟁이 발생하여 교통정리를 해주어야 하는 민사사건의 경우 훨씬 더 다양한 형태의 행위들을 규정해야 한다. 예를 들어 우리는 일상생활 속에서 수많은 계약을 체결하며 살아간다. 마트에서 물건을 사는 것, 지하철을 타는 것, 중고 거래는 하는 것 등, 우리가 알지 못하는 사이에도 계약은 이루어진다. 이때 계약을 위반하는 당사자가 생길 수 있다. 이럴 때 어떻게 교통정리를 할 것인지가 중요한데, 민법에는 이런 내용들이 규정되어 있다. 일반적으로 알고 있는 계약을 파기하는 사례를 살펴보자. 보통 계약금을 주는 쪽에서 계약을 파기할 때는 계약금을 포기해야 한다. 반대로 계약금을 받은 쪽에서 계약을 파기할 때는 계약금의 두 배를 물려주어야 한다. 이것 또한 민법에 규정되어 있다. 아래 민법 조문을 한번 보자.

[제565조 (해약금) ①매매의 당사자 일방이 계약 당시에 금전 기타 물건을 계약금, 보증금 등의 명목으로 상

대방에게 교부한 때에는 당사자 간에 다른 약정이 없는 한 당사자의 일방이 이행에 착수할 때까지 교부자는 이를 포기하고 수령자는 그 배액을 상환하여 매매계약을 해제할 수 있다.]

이렇게 민법에는 개인 간 발생 할 수 있는 방대한 상황들에 대해서 하나하나 규정을 해놓았다. 이런 법의 법조문 가장 앞에 나오는 제1조 1항은 얼마나 포괄적이고 중요한 내용을 지니고 있을까? 우리가 잘 아는 헌법의 경우에서처럼 말이다. 헌법 제1조가 (제1조 ① 대한민국은 민주공화국이다. ② 대한민국의 주권은 국민에게 있고, 모든 권력은 국민으로부터 나온다) 대한민국의 정치 시스템은 무엇이고 권력이 어디로부터 나오는지 매우 중요한 근본을 말해주듯, 이 민법의 제1조는 아주 포괄적이면서도 핵심적인 메시지를 담고 있다.

민법 제1조를 보자.

[민법 제1조 민사에 관하여 법률에 규정이 없으면 관

습법에 의하고 관습법이 없으면 조리에 의한다.]

우리는 타인과 다양한 계약을 하고, 그 계약을 지키거나 때로는 위반하면서 살기도 한다. 어떤 이는 상대방을 속이기 위해서 나쁜 마음을 먹고 계약을 체결하기도 하는데 이럴 때는 국가 권력이 개입해 형법을 적용하여 사기죄로 처벌하기도 한다.

다음의 예들은 범죄 행위가 아닌 서로 간 합의에 의하여 맺어진 일반적인 계약(법률행위)에 관한 것이다. 실제로 이러한 사례로 어려움을 호소하는 사람들이 많다.

'쇼핑몰에서 물건을 샀는데 물건에 하자가 있다면 당신은 어떻게 해야 할까?'
'타인에게 돈을 빌려줬는데 받지 못하고 있다면?'
'임대차 계약을 체결하고 월세방을 얻었는데 천장에서 빗물이 샌다면?'

이처럼 개인과 개인 간에는 매우 다양한 분쟁(민사사건)

이 발생할 수 있다. 이럴 때 우리 법원의 재판관은 먼저 적용할 법을 찾아야만 한다. 이것을 법원(法源)이라고 한다(재판을 하는 장소인 법원(法院)과 구분돼야 한다).

민법 1조 1항의 내용에 의하면 민사사건에 관해서 분쟁이 발생했을 때 먼저 법률(헌법 아래에 있는 다양한 법들을 말한다. 보통 우리가 선출한 국회의원들에 의해서 제정된 법이다. 대표적으로 민법, 형법이 있다)을 먼저 찾아서 적용하고, 만약 해당 사건에 대해서 적용할 법률이 없다면 관습법(입법기관에 의해 제정되지는 않았지만 일상생활에서 관행에 의하여 행해지는 법)을 찾아서 적용한다. 또한, 관습법으로도 적용이 어렵다면 조리에 의한다고 한다. 여기서 민법, 형법 그리고 관습법으로도 적용이 어려울 때 최후의 판단 기준이 되는 '조리'란 무엇을 뜻하는 것일까.

건강한 공동체는
상식(Commonsense)을 지니고 있다

조리의 사전적 의미는 '사물의 도리'이다. 우리가 흔히 '조리 있게 말해야 한다'라고 하는데, 그때 쓰이는 용어와 같다. '조리 있게 말해라', '좀 알아듣게 말해라', '좀 이해하기 쉽게 말해라' 등의 문장을 다시 요약하면 '상식적으로 말해라'라고 할 수 있을 것이다. 영어로 표현하면 'Commonsense', 일반적인 감각, 공통의 감각이란 뜻이다. 일반인이라면 누구나 생각할 수 있는 생각 또는 감각, 우리 모두가 통상적으로 합한 감각 즉, 조리는 대부분의 사람이 인정하고 추구하는 가치지향점이다.

　　법원의 재판관은 개인과 개인 간 벌어지는 무수한 사건들에 대해서 적용할 법을 찾다 찾다 못 찾으면 일반인의 공통의 감각인 조리에 의해 상식적인 판결을 내려야만 한다. 이 상식이라는 것은 누구나 납득할 수 있는 우리들의 마음속에 공통으로 들어있는 아주 일반적이고 당연한 이치를 말한다. 비슷한 것으로 사회 통념, 정의, 양심, 도덕, 사랑 등의 가치들을 생각해 볼 수 있다. 우리가 어딘가에서 배우지는 않았지만 마음속에서 저절로 올라오는 올바른 생각들, 예컨대 약한 사람이 어려움에 처해 있을 때는 도와주는 게 마땅하다는 것, 타인을 힘들게 하는 행동은 해서는 안 된다는 것, 타인에게 거짓말을 하고 자신의 이익을 취해서는 안 된다는 것 등등이다.

　　법은 상식을 향한다. 이 말을 뒤집어 본다면 상식을 지키고 사는 사람은 법이 필요 없다는 뜻이기도 하다. 형사소송법(절차법)의 예를 보자. 경찰이 사건 현장에서 노인을 폭행하고 있는 사람을 체포하려고 한다. 이때 폭행범이 형사소송법과 헌법상 신체의 자유를 주장하며 영장을 보여주기를 요구한다고 하자. 상식을 지닌 사람이라면 이 범죄자를 옹호할 수 있을까? 당장 노인을 폭행하고 있는 범죄자를 잡아야 하는데, 판사로부터 영장을 발부받아올 시간이 어디 있나? 또는 당장 다른 사람의 물건을 훔치고 있는 도둑을 잡아야 하는데 판사로부터 영장을 받아 와야 한다고 생각하는 사람이 있는가? 현행범은 영장 없이 체포할 수 있다. 법은 상식을 향하고 있기 때문이다.

상식(commonsense)은 우리 국가공동체에 적용하는 법의 근원이기도 하며, 고대 그리스의 철학자 아리스토텔레스가 말한 우리 모두의 마음속에 내재 되어있는 최종 판단의 기준이기도 하다. 이것은 우리가 세상을 살아가며 어느 방향으로 나아가는 것이 옳은지를 알려주는 나침반과 같은 것이다.

앞에 예시로든 나착해가 속해 있는 공동체를 다시 보자. 그 공동체는 술자리에서 타인과 충돌이 있을 때면 의리라는 이름으로 친구들과 함께 싸워야만 한다는 규율을 가지고 있다. 이 규율에 대해서 어떤 생각이 드는가?

당신은 이 규율이 누구나 동의할 수 있는 상식이라는 생각이 드는가? 대부분의 사람은 아니라고 답변할 것이다.

　하지만 우리는 다양한 공동체에 소속되어 살아가는데, 종종 속해 있는 공동체의 규율이 비상식적인 것을 알면서도 그것을 지키며 살아갈 때도 있다. 안타까운 현실이지만 그런 일들은 비일비재하다. 최근에 사회적으로 논란이 되었던 종교 공동체처럼 상식을 벗어난 규율로 인해서 인생이 망가진 사람들도 있다. 지금도 비상식적 공동체 규율로 인해서 많은 사람이 고통을 호소하며 살고 있을 것이다.

나침반,
천금보다 귀했던 순간

잠시 내 이야기를 해보겠다. 평소 호기심이 많은 나는 바다와 관련된 활동을 배우다 '해루질'이라는 것을 알게 됐다. 해루질은 쉽게 생각하면 갯벌에서 조개를 잡는 놀이 같은 것이다. 하지만 좀 더 전문적으로 하는 사람들은 우리나라 서해의 특성인 조수간만의 차를 이용해 밤에 아주 멀리까지 나가 해루질을 한다. 바닷물이 빠진 자리에서는 꽃게, 소라, 해삼 등과 같은 생물들을 발견할 수 있는데 운이 좋으면 낙지 광어 등과 같은 큰 생물을 잡을 수도 있다.

보통은 컴컴해진 저녁에 많은 생물들을 발견할 수 있다. 준비물로는 방수가 되는 랜턴, 유사시에 그물 같은 것을 자를 수 있는 칼, 꽃게와 같은 것을 잡을 집게, 잡은 생물을 담을 자루, 그리고 나침반이 있다. 몸이 물에 젖는 것이 싫은 사람의 경우 가슴까지 오는 장화를 신기도 하는데 가슴 장화로 인해 사고가 나기도 한다(가슴속으로 물이 들어가면 무게 때문에 물에 떠 오르지 못하게 되는데 이때 가슴 장화를 잘라낼 칼이 없다면 익사 사고로 이어진다).

해루질을 많이 하는 유명한 장소에는 매우 밝은 조명이 설치되어 있다. 특히 많은 인파가 모이는 곳에서는 해양 경찰이 배를 타고 나와 사람들을 통제해 인명사고를 예방하기도 한다. 만일 당신이 해루질 초보자라면 '바닷물이 들어오는 속도가 걸음걸이 속도보다 느릴 텐데 그게 왜 위험하지?'라고 생각할 수도 있다. 해안가의 방향과 바다의 방향이 훤히 보이고 물 때 시간도 정해져 있는데, '그냥 때맞춰서 빠져나오면 되는 거 아니야?'라고 쉽게 생각할 수 있을 것이다.

아무튼 그날은 지인과 캠핑을 하기 위해 서해로 나간 날이었다. 텐트를 치고 모닥불을 피워 두고 여유를 즐기고 있었는데 해가 넘어갈 때쯤 물이 빠지기 시작했다. 순간 저 멀리 갯벌에 숨어 있을 다양한 해양 생물들을 구경하고 싶어졌다. 내게는 랜턴도 있었고 해변은 시끄럽고 반짝였기에 방향을 잃어버릴 거란 걱정도 없었다. 바닷물도 차갑지 않았기에 추위에 대한 걱정도 없었다. '소라를 줍거나 다른 신기한 해양생물을 발견할 수 있지 않을까?' 하는 마음에 한 걸음 한 걸음 그렇게 바다로 나아갔다. 해변의 시끄러운 음악 소리를 뒤로 하고 유유히 파도가 빠지는 방향을 향해 발걸음을 옮겼다. 소라는 보이지 않았고 처음 보는 신기한 꽃게들이 보였는데 내가 지나가면 자신들의 구멍으로 쏙 들어가는 꽃게들을 보는 게 재밌었다. 나는 그렇게 다양한 생명체들의 매력에 빠져 더 멀리, 더 멀리 앞으로 나아갔다.

어차피 물이 들어오려면 시간도 많이 남았고 뒤돌아서 곧장 걸어가면 내가 있었던 해변이었기에 크게 문제될 것도 없다고 생각했다. 어느덧 시끄러운 음악 소리는 점점 옅어졌고 나는 생물들에 빠져서 열심히 해루질 아닌 해루질을 하고 있었다. 그런데 갑자기 해변의 음악 소리가 들리지 않는 것이었다. 오직 첨벙이는 파도 소리만이 들려왔다. 나는 고개를 돌렸다. 물안개가 자욱해 해변의 방향을 알 수 없었다. 하필이면 나침반 기능이 있는 전자시계마저 두고 온 터라 도무지 동서남북 방향을 알 수가 없었다.

생각보다 멀리 걸어 나왔다. 주변에는 나처럼 해루질 하는 사람도 없었다. 황량한 갯벌엔 안개만 자욱했고 어디가 어딘지 가늠할 수가 없었다. 혼자 우주공간에서 미아가 된 기분이었다. 나는 소리를 질러 보았다. "야!" 해변의 시끄러웠던 음악 소리마저 들리지 않는 상황이었기에 내 목소리가 해변까지 닿을 리 없었다. 공포가 밀려왔고 내 심장은 심하게 요동치기 시작했다. 물이 들어오기 시작하면 나는 익사할 것이 뻔했다. 가족의 얼굴이 스쳐 지나갔다. 나는 아직도 사랑하는 사람들과 나누지 못한 것이 많았다. 나는 살아야만 했다.

공포의 감정을 누르고 냉정해지려고 애썼다. 머리를 써야만 했다. 더 이상 나의 호기심을 충족시켜주던 바다 생물들도 눈에 들어오지 않았다. 생존만이 나의 유일한 목표였다. 네 방향 중에 한 방향을 선택해서 뛰어나가야만 했는데 세 방향은 죽음을 향하는 길이었고 한 방향만이 삶으로 향하는 길이었다. 어디가 앞인지, 어디가 뒤인지 알 수 없었다. 이미 빠질 대로 빠져있는 물길로도 아무런 방향을 알 수 없었다. 그 순간 나는 썰물에 의해 육지로 휩쓸려 나갈 상황을 대비했다. 수영으로 계속 떠 있기에는 체력의 한계가 있었기에 몸을 띄울 수 있는 부유물을 찾아야 했다. 하지만 주변에는 파도 소리와 모래만 존재했다. 티셔츠를 벗어 공기주머니를 만들어 부력을 통해 체력을 아낄 생각도 했다. 바다의 염분을 이용해 배영 자세로 온몸의 힘을 빼고 떠 있으며 장시간 수영할 생각도 했다. 그야말로 내가 할 수 있는 모든 생각을 다 한 것이다. 그사이 죽음의 기운이 서서히 나를 덮치고 있었다.

이 순간 나침반만 있었다면 동쪽을 향해 걷기만 하면

되었을 것이다. 나침반이 너무나 간절했지만 어리석게
도 나는 그것을 두고 왔다. 오만가지 생각이 머리를 스
쳐 지나가다가 결심했다. '죽음을 각오하고서라도 움직
이자. 물의 깊이가 깊은 쪽의 반대 방향으로 가자'라고.
나는 주변을 탐색했고 물이 비교적 깊은 쪽을 찾았다. 그
리고 그 반대 방향으로 빠른 걸음으로 걸어 나갔다. 조금
씩 해변의 음악 소리가 가깝게 들려왔고 희미하던 불빛
들도 밝아지기 시작했다. 나는 정말 기뻤고 안도의 숨을
내쉬었다. 운이 좋게도 살 수 있었다. 나는 이 사건 이후
로 산에 갈 때나 바다에 갈 때 반드시 나침반을 챙긴다.

나침반을 가진 사람은
어디서든 자유롭다

신이 존재한다는 유신론에 따른다면 우리의 영혼은 어느 날 육체의 옷을 입고 대한민국이라는 공동체 안에 있는 어느 가정에 던져졌다(투박한 표현이지만 우리는 모두 우리의 의지와 무관하게 태어났기에 갑자기 던져진 것이라고 표현하고 싶다). 그리고 우리는 각자 던져진 곳에서 생존해야만 한다. 나랑 다르게 생긴 수많은 사람과 또 그들로 이루어진 다양한 공동체 속에서 함께 호흡하며 살아가야만 하는 것이다.

　　이 세상 모든 남녀는 각자 자신의 매력을 뽐내며 서로를 유혹한다. 자신과 (가족)공동체를 형성하기 위함이다. 일반적인 공동체도 마찬가지다. 시민단체, 이익집단, 정당, 취미 생활을 위해 모인 동호회, 노동조합, 종교단체 등 이 세상 모든 공동체는 자신들의 우월성을 강조하고 또 타인을 포섭하기 위해 다양한 활동을 한다. 취미 생활을 위한 동호회에 가면 자신들의 동호회가 다른 동호회보다 어떤 점이 더 매력 있는지 듣게 되고, 회사에서는 조합원이 되라는 권유를 받는다. 정당은 자신의 정책이 최고라고 주장하고, 종교 공동체의 경우에는 자신들이 교리가 세상의 진리라고 설파하기도 한다.

　　교통과 통신이 발달한 현대사회에서는 다양한 국가공동체를 여행할 수 있다. 그 국가공동체는 저마다의 가치 지향점이 있으며 그들만의 규율과 문화를 지니고 있다. 우리는 각국을 여행하며 다양한 사람들과 관계를 맺고 또 그들의 문화를 체험한다. 어떤 이는 그 과정에서 해당 국가 공동체에 완전히 정착해 살아가기도 한다.

우리는 누군가가 지니고 있는 가치지향점, 세계관이 올바른 방향인지, 그렇지 않은지 구분할 수 있어야 하고, 내가 속한 공동체의 규율이 좋은 규율인지 나쁜 규율인지 판단 할 수 있어야 한다. 바른 판단과 바른 방향을 알려주는 나침반이 있다면 우리는 이 세상을 걱정 없이 자유롭게 여행하며 살아갈 수 있을 것이다.

나는 특정 종교의 규율을 따르지는 않지만 유신론자에 가까운 편이다. 만약 신이 존재한다면 나는 신이 우리가 이 세상을 살아가는 데 꼭 필요한 도구, 즉 삶의 방향을 알려주는 나침반을 찾기 어려운 곳에 꼭꼭 숨겨 놨을 거라고 생각하지 않는다. 상상해 보자. 신이 우리를 지구상 어딘가에 던져놓고 나침반마저 꼭꼭 숨겨 놓았다면? 방황하는 우리를 그저 방관하며 "알아서 잘 한번 살아보세요!"라고 한다면? 과연 우리는 그 신을 보며 창조주로서의 경외감을 느낄 수 있을까?

어떤 종교 공동체에서는 진리는 베일에 싸여져 있으며 그 비밀을 보물 찾듯이 찾아내야만 한다고 말한다. 또 자신이 속해 있는 공동체만이 그 비밀을 찾아낼 수 있고 따라서 구원도 얻을 수 있다고 강조하며 사람들을 포섭하려 한다. 과연 그럴까? 신이 정말 삶의 진리를 알려주는 나침반을 어딘가에 꼭꼭 숨겨두었을까?

만약 그렇다고 한다면 신이 인간을 가지고 노는 것이거나, 괴롭히고 있는 것 둘 중 하나일 것이다. 인간들은 자신의 자녀와 같이 사랑하는 사람이 배를 타고 먼 바다로 나간다고 하면 두 손에 나침반을 쥐여준다. 나는 신이 자신의 창조물인 인간을 사랑하고 있을 것이라고 믿는다. 그래서 우리의 마음속에 나침반을 꼭 쥐여주었다고 확신한다. 항상 마음속에 있기에 잃어버릴 염려도 없고 언제 어디서나 열어 볼 수도 있다고 믿는다. 우리의 마음의 소리에 조금만 귀를 기울여 보면 바로 알 수 있다. 우리 인류는 오랜 시간 동안 인의예지신, 양심, 도덕, 사랑, 정의 등등의 가치가 삶의 방향을 알려주는 나침반이라고 이야기해왔다. 우리 법원의 재판관들도 궁극에 가서는 이러한 마음의 소리에 귀를 기울여 판결문을 작성한다. 이 나침반의 소리만 잘 들을 수 있다면 누구와 관계를 맺든 어떤 공동체에 소속이 되든 방향을 잃지 않고 마음껏 항해할 수 있다. 그로 인해 우리는 언제 어디서든 자유롭게 이 세상을 살아갈 수 있는 것이다.

때로는 거부할
권리도 있다

최근 한 대기업 서류전형에 합격한 입사 지원자가 면접을 앞두고 시험을 포기해 언론에 보도되었다. 합격생이 면접을 포기한 이유는 기업에서 등산 면접을 통보했기 때문이었다. 기업의 입장에서는 입사희망자의 체력과 대응력, 힘든 상황에서의 태도 등을 종합적으로 검토하려는 의도였겠지만 지원자 입장에서는 여러모로 불만이 있을 수 있다. 통상 기업의 면접은 20~30분이면 끝나는데 등산 면접은 5~6시간은 족히 걸리기 때문이다.

입사 지원자는 회사의 이러한 면접 방식 즉, 회사의 규율을 보고 앞으로 그 공동체 내에서 발생하게 될 사내 문화를 유추했을 것이다. 그리고 거부권을 행사했다. 면접에서부터 전인적 평가를 할 정도라면 입사 후에도 업무능력과 무관한 일들로 평가받을 것이라 예상한 것이다. 이를테면 체력, 사람을 대하는 센스, 회사에 대한 충성도 등 실제 업무능력 외에도 정성적인 부분을 크게 평가할 것인데, 본인은 그런 회사에 입사하고 싶지 않다는 것이다.

인성도 업무능력에 포함되는 것으로 보는 기업의 입장에서는 나름 직원을 제대로 뽑기 위해 만든 절차였을 것이다. 같이 등산하면 입사예정자들의 체력도 테스트는 물론 다른 사람이 힘들어할 때 도와주는 소위 공동체 의식이 있는지 등을 판단해 볼 수 있기 때문이다. 하지만 입사 지원자 입장에서는 생각이 다를 수 있다. 보통 취업을 위해 초, 중, 고 12년, 대학 4년, 도합 약 16년을 공부했을 텐데 실제 업무능력을 평가하는 것이 아닌 체력, 인성 등을 테스트하는 등산 면접을 봐야 한다니, 큰 압박감으로 다가올 수 있다.

　우리는 공동체를 거부할 자유와 권리를 가지고 있다.
이 말은 타인과의 관계가 자신과 맞지 않다는 판단이 들
면 선택을 거부할 수 있는 것이다. 공동체가 본인의 세
계관과 다른 세계관을 지니고 있거나 상식과 맞지 않는
규율과 문화를 지녔다고 한다면 관계를 끊거나 선택하
지 않을 수 있다.

　앞의 예시에서 나싸움을 필두로 형성된 또래 집단 공
동체에서는 주위 사람들과 다툼이 발생할 때, 친구들과
함께 싸우는 것을 의리라는 명목하에 중요한 규율로 여
겨왔다. 그런데 나착해는 자신의 가족공동체 규율을 더
욱 중요시 여기고 있기에 그때마다 자리를 피했다. 결국
나착해는 공동체 거부권을 행사했다. 그 공동체를 떠난
것이다. 그 후로도 그 공동체는 같은 상황을 반복할 것이
다. 그러다 보면 그들 중에서 또 그 규율이 싫어지는 사
람이 생길 것이고, 공동체는 규율을 강화하기 위해 또다
시 그 누군가를 처벌할 것이다. 이렇게 상황이 반복되다

보면 공동체는 점점 힘을 잃게 되고 규율을 되돌아보는 여지를 갖게 된다. 공동체 스스로 자정기능이 발동된 것이다. 이러한 생각으로 미루어 볼 때 입사를 거부한 대기업 면접 포기자는 스스로 자신의 주체성을 표현하고 공동체 거부권을 행사한 것으로 볼 수 있다.

많은 현대 국가에서는 헌법상의 저항권을 인정하고 있다. 어떤 국가의 실정법이 상식을 벗어난 통치행위를 할 때 국민이 저항하는 것을 권리로써 인정해 주는 것이다. 대한민국도 헌법전문에 있는 '불의에 항거한 4·19 민주 이념을 계승하고'라는 문구를 저항권의 근거규정으로 삼고 있다.

우리가 비상식적인 공동체의 규율을 거부하고 저항권을 행사함으로써 잘못된 공동체를 견제하고 올바른 방향으로 안내할 수 있다는 것은 큰 의미가 있다. 우리 모두가 공동체의 규율에 복종만 하고 거부권을 행사하지 않는다면 사람들의 인생을 망가뜨리는 비상식적 규율을 지닌 공동체는 계속 그 명맥을 유지할 것이다. 그렇게 된다

면 사람들의 귀중한 생명을 해치고 인생의 시간을 빼앗
는 일이 계속될 것이다.

4장

자존감의 회복

당신, 누군가에겐 한없이 소중한 사람

경쟁과 책임만을
말하는 사회

우리가 사는 이 지구공동체(국제사회)는 크게 둘로 구분할 수 있다. 자유시장 경제체제를 국가공동체의 규율로 채택한 나라와 공산주의 체제를 국가공동체의 규율로 채택한 나라다. 자유시장 경제체제를 채택한 국가의 중앙정부는 개인 간의 경제활동에 대해서 간섭을 최소화하고 각 개개인이 자유롭게 경쟁하여 노력한 만큼 재화를 획득하는 규율을 내재화하고 있다. 사람들이 노력한 만큼 분배받는 것을 경제학에서는 실질적 평등이라고 한다. 반면에 공산주의 체제(계획경제 체제)의 국가들은 사유재산(토지) 제도를 거부하며 중앙정부가 모든 것을 소유한 채 강력하게 각 개인의 활동에 개입한다. 즉, 전체 국민이 생산 활동으로 발생시킨 부를 각 개인이 똑같이 나누어 가지는 규율을 내재화하고 있다. 누구나 할 것 없이 똑같이 나누어 준다고 하여, 이를 형식적 평등이라고 부른다.

두 체제 모두 장단점이 있다. 우선 자유시장 경제체제의 가장 큰 장점은 경쟁을 통해 경제성장을 촉진시킨다는 것이다. 또한, 개인의 자율권을 존중함으로 인해 자유에 대한 통제가 비교적 적다는 장점이 있다. 반면에 부가 한쪽으로 치우치게 되는 편중 현상으로 사회적 낙오자를 필연적으로 발생시킬 수밖에 없다는 단점이 있다. 공산주의 체제의 장점은 중앙정부의 강력한 통제 권력을 통해 단기간에 경제성장을 이룩할 수 있다는 것이다. 또한 모두가 똑같이 일하고 똑같이 재화를 분배받음으로 차별 없는 평등한 유토피아적 사회를 실현할 수 있다. 그러나 각 구성원은 개인 간의 경쟁의 동력을 쉽게 상실할 수 있고 이에 따라 시간이 지날수록 경제성장이 약화될 수 있다는 단점이 있다. 또한, 중앙정부의 권력 집중화로 인해 권력층의 부패 문제가 심각하다는 단점도 있다.

국제사회는 이러한 공동체 간 추구하는 규율의 방향성에 대한 갈등으로 여러 차례 전쟁을 치렀다. 그뿐만 아니라 각 국가는 내부적으로 심한 갈등 상황에 직면하기도 했다. 이러한 과정을 통해 절충점을 찾은 결과, 현대사회의 대부분의 선진 국가들은 국가 구성원 상호 간 경쟁을 유발시켜 경제성장을 꾀하면서도 사회적 약자 또는 낙오자들을 구제하기 위한 여러 가지 사회 보장 제도들을 마련했다. 이를 수정자본주의(복지국가)라고 일컫는다.

우리가 속해 있는 대한민국 국가공동체 역시 자유시장 경제체제를 바탕으로 하되, 여러 사회보장제도를 갖춤으로써 단점을 보완하고 있다. 어쨌든 바탕은 자유시장 경제체제이기에 우리는 상호 경쟁의 논리에 의해 열심히 일한 만큼 재화를 차등적으로 배분받는 것에 익숙해져 있다. 그래서인지 우리는 타인과의 경쟁이 익숙하다. 그래서 경쟁에서 승리한 사람만이 가치가 있는 것이고 경쟁에서 밀려난 사람은 패배자로 여기는 문화가 도처에 깔려 있다.

안타깝게도 인간관계 문제에 있어서도 종종 이러한 경쟁의 논리가 적용된다. 인간관계에서 소외되면 그 사람은 경쟁에서 밀린 것이며 패배자가 되는 것이다. 인간관계로 문제를 겪는 사람이라면 그가 무언가를 잘못했을 것이며, 따라서 그가 부정적 피드백과 처벌을 받은 것이라고 생각하는 사람들이 더러 있다. 그래서 인간관계에서 고통을 호소하고 문제를 겪는 사람은 누군가에게 그 어려움을 토로하기가 쉽지 않다. 오히려 자신이 부족한 탓이라고 자책한다. 그렇게 자존감은 낮아지고 우울감을 호소하다 심한 경우 나쁜 생각을 하기도 한다.

당신도
낙오자가 될 수 있다

그동안 우리는 어떠한 공동체 내에서 그 공동체의 규율(문화)을 잘 따르지 않고 사람들과의 관계에 잘 적응하지 못하는 사람을 사회성이 부족한 사람, 혼자만 살 궁리를 하는 사람, 외골수, 방구석 오타쿠, 은둔형 외톨이 등으로 표현하며 손가락질했다. 하지만 앞에서 본 것처럼 우리는 관계를 맺고 있는 모든 공동체로부터 긍정적 피드백을 받을 수 없다. 이것은 우리의 잘못에서 기인한 것이 아닌 규율 상충의 문제로 인한 것이기에 애초에 불가능한 것이다.

학교에는 공부 잘하는 학생도 있고 그렇지 않은 학생도 있다. 직장에서도 업무를 능수능란하게 처리하는 뛰어난 직원이 있는 반면에 업무처리가 미숙해서 핀잔을 듣는 직원도 존재한다. 올림픽에서도 금메달을 따는 팀이 있는가 하면 예선에서 탈락하는 팀도 존재한다. 이처럼 우리가 살아가는 이 세상은 언제나 낙오자가 존재한다.

그렇다면 과연 경쟁에서 뒤처져 낙오자라는 타이틀을 받은 사람은 가치가 없는 사람일까? 전구를 발명해서 인류에게 밤에도 태양 없이 생활할 수 있게 해준 에디슨은 초등학교 시절 학교 부적응자로 낙인찍혀 자퇴하고 홈스쿨링을 했다. 스마트폰 시대를 열어 인류의 삶을 바꾼 스티브 잡스는 태어나자마자 입양되는 불우한 가정환경에서 자랐고 대학교를 중퇴했다. 페이스북의 창시자 마크 저커버그는 대학교 시절 여자친구에게 차인 뒤 화가 난 나머지 학교 정보를 해킹해 여학생 외모 평가 사이트를 만드는 문제를 일으켰지만, 그 사이트를 계기로 페이스북(현 '메타')이 만들어졌다. 즉 세계적으로 성공한 사람들조차도 과거에 낙오자였던 시절이 있었던 것이다.

대한민국의 자유시장 경제체제는 자본주의 금융시스템을 기반으로 운영된다. 우리가 쓰고 있는 돈이라는 화폐는 신용을 담보로 무제한으로 공급된다. 돈(화폐) 대부분이 신용을 담보로 발행된 거품(빚)이라는 것이다. 이 거품을 꺼뜨리지 않기 위해서는 중앙은행(한국은행)은 끊임없이 화폐를 찍어 유통시켜야만 하고 화폐의 양이 늘어남에 따라 화폐의 가치는 떨어지고 상대적으로 물건의 가격 즉, 물가는 지속적으로 상승하는 구조가 이루어진다. 문제는 시중에 유통된 화폐들은 대부분 은행으로부터 대출한 돈이라는 것이다. 누군가가 이 돈을 은행에 갚아나간다면 시중에는 통화량 부족해져 또 다른 누군가는 돈을 못 갚은 상태가 된다. 즉, 우리는 은행에 빚(돈)을 갚기 위해 끊임없이 타인과 경쟁하는 구조 속에서 노출되어 있다. 경쟁에서 밀리면 파산신청을 해야 한다. 누군가는 지속적으로 파산신청을 할 것이기에 대한민국은 채무자 회생 및 파산에 관한 법률을 제정하여 채무를 도저히 갚을 수 없는 지경에 놓인 사람에게 회생의 기회를 주거나 채무를 탕감시켜주고 면책의 기회를 주고 있다(다른 많은 선진국에서도 관련된 법이 있다).

이처럼 자유시장 경제체제에서 경쟁하며 살아가는 우리는 종종 낙오자가 되거나 패배 의식에 사로잡히곤 한다. 그러나 돈을 벌기 위해 경쟁하며 경제활동을 하는 문제와 사람과 사람 간의 관계를 맺고 함께 살아가는 문제는 완벽히 구분돼야 한다. 우리는 누구나 특정 공동체의 경쟁에서 도태되어 낙오자가 될 수 있다. 하지만 그렇다고 해서 우리의 존재가치가 훼손되어서는 안 된다.

당신만의 고유한 빛을 낼 수 있는 자리(공동체)는 반드시 어딘가에 존재한다. 에디슨, 스티브 잡스, 마크 저커버그가 그러했듯이 말이다.

우리의 가치는
천부인권, 인간의 존엄성에 기인한다

　나는 어린 시절 (자신이 선택하지 않은) 가족이라는 특수한 공동체에 소속되어 고통을 겪는 사람들을 많이 봐왔다. 종교단체에 가면 신은 매우 공평한 존재라고 찬양하는데 나와 주변의 삶을 돌아보면 절대 신은 공평하지 않은 것처럼 보였다. 누구는 가난한 가정에서 태어나 고통을 겪고, 누구는 부유한 가정에서 안락하게 살고 있었다. 어떤 친구는 신체의 장애를 가지고 태어났는데 다른 친구는 운동을 매우 잘했다. 또 다른 친구는 머리가 좋아 학교 수업을 매우 잘 따라간 반면에 다른 친구는 수업을 쫓아오지 못했고 성적은 늘 바닥권이었다. 경제력, 신체 능력, 지력, 외모와 같은 것들은 태어나면서 결정되는 경우가 대부분이다. 극소수의 사람들이 이를 극복하기도 하지만 그런 경우는 매우 특별하다. 대다수는 그 안에 머물러 살고 있다.

사회적으로 우리는 도착지에 누가 먼저 도착했느냐에 따라 재화를 차등적으로 배분받고 대우받는다. 출발선이 엄연히 달랐음에도 이는 고려사항이 아니다. 성별에 따른 가치평가 기준을 비교해 보면 남성의 경우에는 경제력이 매우 큰 비중을 차지한다. 여성의 경우에도 사회적 능력, 경제력이 가치평가의 중요한 기준이라고 생각하는 사람들도 있지만 실제 결혼정보 회사에서 설문조사를 해보면 여전히 외모가 큰 부분을 차지한다.

그러나 안타깝게도 경제력과 외모 모두 태어나면서 결정되는 부분이 매우 크다. 부모의 경제력이 자녀의 경제력이 되며, 부모의 유전적 요인이 외모에 큰 영향을 미치기도 한다. 혹자는 가난한 환경에서 태어났어도 노력해서 성공하면 되는 것 아닌가, 혹은 운동과 성형을 통해 타고난 외모를 극복하면 되는 것 아닌가, 라며 반문할지도 모른다. 그러나 앞서 언급한 바와 같이 소수의 일부 사람들이 이를 극복할 뿐 대다수는 그 벽을 넘기가 매우 어렵다. 냉혹하지만 현실이 그렇다.

우리가 사는 사회에서는 대부분 결승점에서 우리의 가치를 평가할 것이고 그 결과에 따라 재화를 분배할 것이다. 출발선이 달랐던 우리는 억울하지만 이러한 사실을 받아들이거나, 본인도 특별한 사람으로 남기 위해 발버둥 치며 살아가야만 한다. 사실, 그러면 된 것이다. 사람과 사람이 마음을 나누는 인간관계의 영역에서까지 그러한 가치평가 방식을 끌고 올 이유는 없다.

앞서 언급한 바와 같이 우리는 물건이 아니다. 생명은 분명 다른 시각으로 바라보아야 한다. 나 또한 생명의 가치를 제대로 바라보기 시작하면서 나의 가치, 더 나아가 세상을 다르게 바라보게 되었다. 경제력, 신체 능력, 지력, 외모 등의 가치는 공동체의 규율에 따라 인간이 부여한 것일 뿐이다. 신은 우리에게 생명이라는 매우 귀중한 선물을 주었다. 우리는 공동체 속에서 인간이 부여한 가치평가 기준에 따라 살아가며 발버둥 치지만 신이 선물한 생명의 가치를 잊어서는 안 된다. 우리는 이 가치를 제대로 알고 행복하게 사용하며 살다가 가야 한다.

영화 〈타이타닉〉에서 그러한 생명의 가치를 엿볼 수 있는 장면이 나온다. 영화는 부호 칼이 약혼녀 로즈에게 선물한 '대양의 심장(The Heart of the Ocean)'이라는 56캐럿짜리 호프 다이아몬드를 찾는 탐색 대로부터 이야기가 시작된다(호프 다이아몬드는 인도에서 발견된 약 45.52캐럿의 청색 다이아몬드로 1668년에 프랑스의 루이 14세가 왕관의 보석으로 쓰기 위해 구입했으며, 1792년에 도난당해 사라졌다가 1830년에 아일랜드의 호프(Hope, H.)가 소유하면서 이름이 붙었다고 한다). 이 다이아몬드는 침몰한 타이타닉호에 존재하지 않았으며, 탑승한 주인공 로즈(케이트윈슬릿)가 평생 들고 있었다. 로즈는 타이타닉호에서 겪었던 잭(디카프리오)과의 사랑 이야기를 마친 뒤 평생 혼자 간직해왔던 다이아몬드를 바닷물에 버렸다. 그리고 꿈속에서 그녀는 잭을 다시 만났다. 로즈에게는 그 다이아몬드보다 잭의 생명이 훨씬 큰 가치를 지녔을 것이다. 이렇듯 우리의 생명은 때때로 호프 다이아몬드보다 가치 있다.

유한성은
가치를 부여한다

우리에게 주어진 시간은 유한하다. 어떤 사람들은 사후 세계의 시간은 영원(무한)하기 때문에 가치 있다고 말한다. 그 말이 무조건 틀렸다고 생각하진 않지만, 시간이 무제한으로 허용된 곳에서의 시간의 가치와 제한된 곳에서의 시간의 가치는 다를 수밖에 없다. 시간이 무제한으로 허용된 곳에서는 오늘 할 일을 내일로 미뤄도 되고 한 달, 두 달 10년 뒤로 미뤄도 문제가 되지 않는다. 어차피 시간은 무한하기 때문이다. 하지만 우리가 이 지구에서 살 수 있는 시간은 너무나 짧다. 그래서 매우 소중하다.

지구에서의 삶은 긍정적으로 보면 매우 소중한 선물 같은 시간이다. 내가 아프고 힘들 때 함께 아파하고 위로해주는 사랑하는 가족들이 존재하는 곳이다. 나의 슬픔을 공감해 주는 친구들이 존재하고 내가 기쁠 때 함께 기뻐해 줄 지인들이 존재한다. 게다가 이 지구에는 다양한 놀거리와 즐길 거리가 있다. 눈부시게 아름다운 자연경관을 보며 상쾌한 공기를 마실 수 있다. 국가마다 색다른 문화들도 존재한다. 우리의 입을 즐겁게 해줄 맛있는 음식들은 또 얼마나 많은가? 형형색색의 향기로운 과일들도 매우 많다. 우리의 귀를 즐겁게 해주는 감동적인 음악이 존재하며 우리의 눈을 즐겁게 해주는 아름다운 예술 작품들도 존재한다. 지구상에 존재하는 이 모든 것들을 다 누리기엔 우리의 시간은 턱없이 부족하다.

생명은 신의 선물이다. 생명을 지닌 우리가 물건과 같은 사용 가치로 평가되어서는 안 된다. 존재 자체로 가치가 있음을 인정받아야 한다. 존재가치에는 당신이 어떤 사람인지 조건을 붙이지 않는다. 당신이 키가 큰 사람인지 작은 사람인지 묻지 않으며, 당신의 피부색이 검은색인지 황색인지 백색인지 묻지 않는다. 당신의 팔다리가 한 개든 두 개든 그건 중요하지 않다. 당신이 부잣집 재벌가에서 태어났든 가난한 판잣집 알코올 중독자 집안 출신이든 묻지 않는다. 당신의 종교가 기독교이든 불교이든 이슬람이든 묻지 않고, 당신이 지지하는 정당이 보수 쪽이든 진보 쪽이든 묻지 않는다. 당신의 성 정체성이 동성애자인지 이성애자인지도 묻지 않으며 당신의 지능이 우수한지 떨어지는지도 묻지 않는다.

우리가 어떤 모습으로 태어났건, 우리의 능력이 어떠하건 우리가 존재 자체로 가치를 지니고 있다는 사실은 우리 마음속의 나침반이 향하고 있는 바늘의 방향과도 같다. 우리가 속해 있는 수많은 공동체의 규율이 물건에 가치를 매기듯 생명에 조건을 달아 우리의 가치를 평가한다. 그러한 삶에 익숙할지라도 우리는 생명의 가치를 잊어서는 안 된다. 무한 경쟁의 자본주의 공동체 속에서 이것마저 흔들린다면 대다수는 설 곳을 잃어버릴 것이다.

존재 자체로
부여받는 권리

우리가 타인과 관계를 맺으며 살아가는 이 사회에는 다양한 공동체가 존재하며 그 공동체마다 각기 다른 규율들이 존재한다. 그중에서도 국가공동체가 공식적인 합의를 통해 만든 문서화 된 법(성문법)들이 존재한다. 그 법들은 서로 간의 위계가 있다. 이것을 법령의 위계라고 표현하기도 한다.

가장 위에 있는 법은 모두가 아는 것처럼 헌법이다. 우리 국가가 어떻게 조직되고 있는지, 대한민국 국민이 인간으로서 기본적인 삶을 누리기 위해 보장받아야 하는 기본권은 무엇인지 등이 규정되어 있다. 그 헌법의 아래에 우리가 선출한 국회의원들이 제정하는 법률이 있고 그 법률 아래에는 대통령이 명령하는 대통령령이 있으며, 그 아래 총리령이 있다. 그리고 시·도의회와 같이 각 지방자치단체의 의회에서 제정하는 지방자치단체별로 조례가 있다. 이렇게 각 법은 자신보다 위에 존재하는 법을 벗어나서는 안 되는 위계 서열을 지니고 있다. 자신보다 상위에 존재하는 법을 벗어날 때는 그 법이 부정될 수 있다. 결국 모든 법은 헌법의 정신을 위배해서는 안 된다는 것이다.

헌법에는 하위의 모든 법이 지켜야만 하는 포괄적인 가치들을 내포하고 있다. 법령의 위계에 헌법 아래에 존재하는 모든 법이 헌법의 정신을 벗어나 개인의 기본권을 위협한다면 최종적으로 우리는 헌법소원을 통해 그 법이 정당한 것인지를 심판받아 기본권을 보장받을 수 있다.

이처럼 헌법은 우리가 인간으로서 자유롭게 살아갈 수 있는데 꼭 필요한 권리를 기본적 인권으로서 보장해 주고 있다. 우리가 보장받는 기본적 인권에 대한 내용에는 우리의 재산이 얼마나 있는지, 우리가 사회적으로 얼마나 영향력이 있는지, 우리의 외모가 어떠한지 등은 조건부로 들어가 있지 않다. 우리는 생명을 지녔다는 그 자체만으로 인간으로서 누려야 될 기본적 인권을 누릴 가치가 있는 것이다. 이것이 우리 마음속의 나침반의 방향이다.

다르게 반응하는 것은
생명의 특권이다

우리는 4차 산업혁명의 시대를 살고 있다. 전기차, 블록체인, 메타버스, 원격의료, 인공지능(AI), 바이오, 드론 등 앞으로 세상은 또 한 번 큰 변화를 겪을 것이다. 나는 이러한 기술이 인류에 미치게 될 긍정적인 영향을 부정하지 않는다. 하지만 인간을 넘어설 수 없는 분야가 엄연히 존재한다고 생각한다. 사람마다 처한 현실은 각기 다른데 과연 이 모든 사례를 정당하게 판단할 인공지능 로봇 재판관이 나올 수 있을까?

예를 들어보자. 형법 제329조(절도)에는 '타인의 재물을 절취한 자는 6년 이하의 징역 또는 1천만 원 이하의 벌금에 처한다'라고 규정하고 있다. 그렇다면 이 사례는 어떻게 해석할 것인가? 한 노인이 슈퍼에서 빵을 훔치다가 잡혔다. 그런데 알고 보니 이 노인은 딱한 사정이 있었다. 이혼한 아들이 맡기고 간 손녀가 있었는데 배를 곯고 있는 손녀를 위해 부득이하게 빵을 훔쳐야만 했던 것이다. 이 경우 인공지능 로봇 재판관에게 판결을 맡긴다면 어떻게 될까?

실제 있었던 다른 사례를 보자. 30대 딸 B씨에게 수면제를 먹여 살해한 60대 엄마 A씨가 붙잡혔다. 형법 제250조(살인, 존속살해) 1항 '사람을 살해한 자는 사형, 무기 또는 5년 이상의 징역에 처한다'에 따른다면, A씨는 최소 징역 5년 이상을 선고받게 된다(통상적으로 살인죄는 초범도 10년 이상의 형을 내린다). 그 결과 검찰은 징역 12년을 구형했다(재판관에게 형벌을 내려 달라고 요구하는 것). 하지만 재판부는 징역 3년에 집행유예 5년을 선고했다(이 말은 A씨가 집행 유예기간 5년 동안 아무런 범죄를 저지르지 않는다면 구속하지 않는다는 뜻이다). 보통 검찰이 구형한 형벌의 절반에 못 미치는 판결이 선고되면 항소하는데 이례적으로 검찰이 항소를 포기했다. 알고 보니 사연이 있었다. 살해된 딸 B씨는 뇌 병변 1급 중증 장애인이었다. 엄마 A씨는 의사 소통이 잘되지 않는 B씨를 태어난 순간부터 38년을 돌 보아 왔으며 사건 발생 몇 개월 전에는 딸 B씨가 대장암 3기 판정까지 받았던 것이다. 타인의 생명을 앗아간 행 위는 비난받아 마땅하다. 하지만 이 사안을 수학 공식에 숫자를 대입하듯이 풀어나가서는 곤란하다. 엄마 A씨는 범행 후 본인도 수면제를 먹고 극단적 선택을 시도했다 가 실패했다. 과연 인공지능 로봇 재판관이 이러한 상황 을 모두 고려하여 현명한 판결을 할 수 있을까?

나는 과거 TV에서 암 수술을 잘하기로 소문나 많은 이 로부터 존경받는 의사를 본 적이 있다. 그가 다른 의사 들과 다른 점은 수술 시 CT에 나온 암 부위 이외의 주변 까지 손으로 더듬는다는 것이다. 자신의 경험에 따르면 암세포는 손으로 만졌을 때 더 딱딱하게 느껴지는데 때 로는 CT상에도 나오지 않는다고 했다. 그래서 수술 부위 주변을 더 더듬어 보고 자신의 손의 감각으로 암세포를 느끼면 그 부위를 절개한다고 했다. 이 역시 로봇이라면 못 할 일이다.

로봇이 피아노를 연주하는 것은 현재도 기술적으로 충분히 가능하다. 하지만 계절에 따라, 날씨에 따라, 그 날의 청중 분위기에 따라 변하는 감정을 피아노 선율에 담아내는 인간의 연주보다 더 좋을 수 있을까?

생명은 살아있음, 즉 움직임을 뜻한다. 그 움직임은 어떤 자극에 대한 반응이 항상 똑같지 않다는 데에 가치가 존재한다. 가령 로봇이나 컴퓨터, 기계와 같은 것들은 어떠한 자극에 대해서 정해진 것(프로그래밍)에 따라 반응을 내놓게 되어있다. 살아있는 강아지가 로봇 강아지 보다 더욱 가치가 있는 것은 어떤 자극에 대해서 정해져 있지 않은 반응을 내놓기 때문이다. 그래서 타인과 다른 생각을 하고 타인과 다른 행동을 하는 당신의 모습은 타인과 같은 생각을 하고 같은 행동을 하는 집단주의적인 모습보다 훨씬 가치가 있다. 그것이 진정한 생명의 움직임이기 때문이다.

　육체를 지닌 우리는 많은 본능에 의해 지배당한다. 주
기적으로 음식물도 섭취해야 하고 피곤할 때는 수면을
취해야 한다. 우리는 추위를 피해 편안히 잠잘 수 있는
곳이 필요하고 몸을 가려줄 의복도 필요하다. 이렇듯 우
리는 고귀한 정신을 소유함과 더불어 육체가 요구하는
것을 충족하며 살아가야만 한다.

　이렇게 육체와 같은 물질로 이루어진 세상에는 또 하
나의 특징이 있다. 모든 물질은 시간이 지나면 변한다는
것이다. 어제와 동일한 상태의 물질은 없다. 모든 물질은
오랜 시간이 지나면 다 먼지가 되어 사라진다. 우리 인간
이 입고 있는 육신의 옷 역시 마찬가지다. 80년에서 100
년 정도 입고 나면 흙으로 되돌려 보내야 한다.

　어제까지 좋았던 관계가 오늘 나빠질 수도 있다. 누군
가와의 관계에서 당신은 늘 높은 가치로 평가받아 왔고
늘 따뜻한 관심과 사랑을 받아왔다. 하지만 그 관계가 영

원할 것이라고 생각한다면 착각이다. 또 그렇게 생각했다면 당신은 크게 상처받을지도 모른다. 당신이 변해서 관계가 망가질 수도 있고 상대가 변해서 관계가 망가질 수도 있다. 우리는 모두 변하기 때문이다. 몸도 변하고 가치관도 변하고 세계관도 변한다. 당신의 진취적인 모습을 좋아했던 친구가 어느 날 당신의 그런 모습을 부담스럽다며 싫어할 수도 있다. 당신을 바라보는 친구의 관점이 변했기 때문이다. 반대로 친구의 꼼꼼한 성격을 좋아하던 당신은 어느 날 그의 행동이 답답하게 느껴져 부정적 피드백을 줄 수도 있다. 당신이 친구를 바라보는 관점이 변했기 때문이다.

당신은 특정 공동체에서 긍정적 피드백을 받으며 지내왔다. 당신 역시 그 공동체의 가치에 동의하고 열정적으로 그 규율을 지키면서 살아왔다. 그런데 어느 날 그 공동체가 지향하는 규율의 방향이 변했다. 당신은 실망했고 공동체 내부에 반대 의견을 표했다. 그런데 공동체의 의사결정 집단은 반기를 드는 당신의 모습을 부정적으로 보았다. 그로 인해 당신의 자존감은 추락했다. 반대로 공동체는 변하지 않았지만 당신이 변해서 공동체의 규율을 어길 수도 있다. 앞선 예시 속 인물인 나착해의 경우 외부인과 다툼이 잦은 친구들 공동체를 이해해보려 했지만, 시간이 지나 '의리를 명분으로 싸움을 정당화하는' 규율에 반기를 들기 시작한 것 역시 같은 이치이다. 우리는 누구나 소속되어 있던 공동체를 거부하고 탈퇴할 수 있다. 우리 마음속 나침반이 알려주는 소리에 귀를 기울이며 삶의 방향만 잃어버리지 않는다면 우리는 자유롭게 변해도 되고 또 그것은 아무런 문제가 되지 않는다. '변화' 그것은 생명의 '본질'이자 '특권'이기 때문이다.

공포가
진짜 범인이다

나는 서해안 뻘밭에서 죽을뻔한 적이 있다. 당시 해안 가에서부터 물이 빠진 바다로 상당한 거리를 걸어 들어 갔다. 그런데 갑자기 아무 소리도 들리지 않고 주변은 물안개로 가득 차 동서남북 어디가 어딘지 도무지 방향도 알 수 없었다. 그 순간 나의 온몸을 감싸고 지배한 것이 있다. 바로 '공포'였다. 우주 관련 영화에서 우주인이 우주공간에서 미아가 되었을 때 심장박동이 빨라지며 패닉 상태로 돌입하는 장면을 본 적이 있는데 그것을 직접 몸으로 체험한 것이다. 그때 내가 살기 위해서 첫 번째로

했던 것은 그 공포심을 극복하는 것이었다.

나는 자전거에 캠핑 장비를 실어 여행하는 것을 좋아한다. 새로운 마을, 새로운 바닷가, 해변 등을 여행하며 아름다운 자연경관을 구경하기 위해서이다. 저녁이 되면 텐트를 치고 잠을 자야 하는데 한 번은 이런 적이 있었다. 어둑한 밤 자전거를 타고 목적지까지 도달해야 하는데 그때 나의 진로를 방해하고 나를 멈춰 세우게 한 것은 귀신도 아니고 멧돼지도 아니었다. 그것은 나 스스로 느끼는 공포였다. 산길을 넘을 때, 비 오는 날 아무도 없는 시골길을 달릴 때 공포는 다가왔다. 이제는 나름의 공포를 극복하는 훈련이 되어있다. 그저 공포를 하나의 감정으로 치부하는 것이다. '내가 그런 감정을 느끼고 있구나. 그래 이건 그냥 감정일 뿐이야'라며 스스로 위안한다. 그러면 어느새 공포는 저만치 물러나 있다.

우리는 혼자가 되는 것을 두려워한다. 그래서 사람들과 관계를 맺고 공동체를 구성한다. 그리고 그 속에서 서로 공감하며 마음의 위안을 얻는다. 때론 그 관계가 깨질까 봐 두려워한다. 타인으로부터 부정적 피드백을 받을까 봐 두려워하고 처벌받아 소외될까 봐 두려워한다. 그런데 이 두려움은 그저 감정의 하나일 뿐이다. 실체가 아니다. 실제로 모든 사람과 관계가 깨지고 혼자가 된다고 해서 죽는 것은 아니기 때문이다.

또한 우리는 무언가를 시도하기도 전에 실패할 것을 두려워한다. 시험에 계속 떨어지면 어떡하지? 혼자 호기롭게 여행을 떠났는데 중도에 겁나서 포기하면 어떡하지? 사업을 시작했는데 망하면 어떡하지? 이처럼 시작도 전에 실패의 결과를 두려워하는 것이다.

우리의 앞길을 방해하고 삶을 망치게 하는 주요한 원인은 누군가로부터 소외되는 것도, 실패하는 것도 아니다. 독자 중에 누군가와 관계가 깨져 보지 않은 사람이 한 명이라도 있는가? 이 세상 모든 사람과 원만하게 지내는 사람은 아마 없을 것이다. 더욱이 관계가 깨졌다고 해서 삶이 끝나는 것도 아니다. 몸에 상처가 나면 시간이 지나 새로운 살이 돋아나듯이 누군가와의 관계가 깨지고 나면 또 새로운 관계가 맺어진다. 그 빈자리는 누군가가 채우기 마련이다. 우리 삶이 그렇다.

실패도 마찬가지다. 실패한다고 해서 바로 우리의 호흡이 멈추는 것은 아니다. 여전히 숨 쉬고 있고 그래서 다시 어떻게든 살아간다. 나는 살아오면서 수많은 실패를 경험했다. 그런데 여전히 살아있다. 오히려 실패의 경험들은 나를 한 단계 더 성장시켰다. 당시엔 견디기 힘든 아픔이었지만 말이다.

진짜 우리의 삶을 망치는 것은 사람과의 관계가 깨지는 것이 두려워 비상식적인 규율을 적용하는 사람과 관계를 지속하는 것이다. 또한 특정 공동체로부터 처벌받고 소외되는 것이 두려워 비상식적인, 심지어는 실정법을 위반하는 규율에 복종하느라 인생의 귀중한 시간을 허비하며 공동체에 남아 있는 것이다. 마찬가지로 실패의 결과가 두려워 아무것도 시도조차 하지 않고 이불속에서 안전함만을 추구하는 것 또한 우리 삶을 망치는 원인이다. 다시 한번 말하지만 우리의 앞길을 방해하는 것은 소외도, 실패도, 어떤 행위에 대한 결과물도 아니다.
그것은 바로 무언가를 시도조차 못 하게 하는 스스로 자
아낸 '공포감'이다.

당신,
누군가에겐 한없이 소중한 사람

한번은 유튜브 영상에서 외국의 한 사형수가 사형 집행장으로 끌려가기 전 가족들과 면회하는 장면을 본 적이 있다. 그 사형수가 어떤 범죄를 저질렀는지는 모르지만 무언가 큰 잘못을 저질렀음은 분명하다. 아무튼 그 영상에서 눈길이 갔던 부분은 사형수가 가족들과 마지막 인사를 나누는 장면이었다. 사형수의 딸은 아빠를 향해 울면서 "아빠, 아빠!"라고 외쳐 댔다. 사형수는 그런 딸을 안심시키려는 듯 눈물을 보이지 않으며 애써 "딸아, 나는 괜찮으니 잘 살아야 한다."라는 말을 반복했다.

나는 흉악한 범죄자를 옹호할 생각이 전혀 없다. 실정법을 위반하고 죄를 지었다면 그에 응당한 처벌 받는 게 마땅하다. 다만 나는 영상을 통해 아무리 흉악범이라 할지라도 그의 가치를 세상 사람들과 다르게 바라봐 주는 최후의 공동체가 존재했다는 사실을 발견했다. 그 공동체는 다름 아닌 조물주에 의해서 우리의 의지와 무관하게 선택되고 내던져졌던 '가족공동체'였다.

당신이 사업이 망해 노숙자가 되든, 사지가 마비된 장애를 가졌든, 친구에게 사기를 당했든, 꼴등을 밥 먹듯하는 학생이든, 사랑하는 연인에게 배신당한 비련의 주인공이든, 어떤 공동체에서 규율을 따르지 않아 퇴출당한 마녀이든 아무렴 저 중국인 사형수보다 큰 잘못을 하였는가? 아닐 것이다. 그런 사형수조차도 누군가에겐 소중한 사람이었다. 그러니 당신 역시 누군가에게 매우 소중한 사람일 것이다.

많은 사람들이 물건을 생명 다루듯이 귀하게 여기지만 사실 그 물건들은 우리가 죽을 때 아무런 힘을 발휘하지 못한다. 마지막 순간에 아끼던 물건과의 작별을 아쉬워할 사람이 있을까? 물건은 그저 잠시 사용하다가 모두 놓고 가야 하는 것에 불과하다. 마지막 순간에 우리는 생명과의 이별을 아쉬워한다. 사랑했던 가족, 친구 오랜 시간 함께 한 반려동물 등 말이다.

생명은 그 자체만으로도 고귀한 가치를 지니고 있다. 우리는 물건과 다르게 존재가치로 평가받아야 한다. 당신이 설사 세상 모든 사람들이 인정할 만큼의 큰 실수를 했다고 할지라도 가까운 곳에 그 실수를 보듬어 줄 수 있는 사람이 존재한다는 사실을 반드시 기억하자.

옳고 그름,
그것보다 중요했던 것

나와 함께 창업에 동참했던 A와 나눴던 대화를 기억한다. 한창 4차 산업에 대한 관심이 고조되던 어느 여름 무렵이었다. 그는 과학을 상당히 좋아했다. 그래서 앞서가는 과학기술에 관한 관심이 많았는데, 한번은 나에게 평소 생각해오던 자신의 생각을 털어놓았다. 그는 앞으로 세상은 자율주행차의 시대가 될 것이라고 말했다. 사람이 운전하지 않아도 차량이 스스로 목적지를 향해 나아간다는 것이었다. 그는 평소 마음이 여린 사람이었다. 그래서 나는 여러 생각을 그의 관점에서 이해하려 노력했고 그만큼 그의 의견을 지지해 주었다.

하지만 그날은 달랐다. 그날 나는 무언가 현실적인 문제들로 지쳐있었다. 당장 눈앞의 문제도 해결하지 못했기에 먼 미래의 일로 이야기를 나누는 것이 시간 낭비처럼 느껴졌다. 그래서 나는 그의 의견에 반기를 들었다.

"완전한 자율주행차는 존재할 수 없다고 생각한다. 갑자기 차를 가로막는 사람이 나타났을 때 왼쪽에는 한 노인이 서 있고, 오른쪽에는 어린아이가 서 있다면 차량은 어디로 회피하여야만 하는가? 이런 도덕적 영역을 기계가 스스로 판단할 수 있을까? 결국 프로그래머가 어느 방향으로 회피할지를 정해 줘야 할 텐데 그것을 어떻게 결정할 수 있나?"라며 반론을 제기한 것이다.

그로부터 몇 년 뒤 '테슬라'라는 회사의 자율주행 전기자동차가 전 세계를 휩쓸었고 주가는 폭등했다. 나는 그와의 대화가 떠올랐다. 그때 그의 의견에 반기를 들었던 내 자신이 너무 후회스럽고 미안했다. 그때 내가 그의 세계관으로 세상을 바라봐 주었다면 어땠을까. 그가 원하는 것은 옳고 그름의 정답이 아니었을 것이다. 그저 자신의 세계관으로 세상을 함께 바라봐 줄 사람, 따뜻한 마음으로 공감해 줄 누군가가 필요했을 것이다. 자살 예방 전문가들은 자신의 마음을 알아주는 사람이 세상에 단 한 명만 존재해도 극단적인 선택을 막을 수 있다고 말한다. 내가 그런 사람이 되어주지 못한 것 같아서 너무나 미안했다.

그 후 그는 공기 좋고 물 좋은 고향 땅과 멀지 않은 곳에 있는 큰 나무 아래 한 줌의 재로 돌아갔다. 고요한 바람이 그 나무의 잎들을 소리 없이 스쳐 지나갈 때 누구보다 차분하고 고요했던 그의 모습을 떠올렸다. 마치 그가 나무로 다시 태어난 것처럼 보였다. 소리 없이 조용하게 바람을 맞고 있는 나무처럼 편안해 보였다. 그가 20대 시절 꿈을 향해 도전할 때 얼마나 고생했는지, 얼마나 많은 고통들을 감내하며 살아왔는지 옆에서 지켜봐 왔기에 나는 그 나무 아래에서 하염없이 눈물을 쏟을 수밖에 없었다.

당신은
아무 잘못이 없다

    스스로 생명을 중단시킨 수많은 영혼을 되돌아본다. 어제도 오늘도 그 일은 반복되고 있다. 과연 그들은 어떤 잘못을 했기에 선물과도 같은 귀중한 삶을 스스로 마감해야 했는가? 이 땅에 스스로 태어나고 싶어서 태어난 사람은 단 한 명도 없다.

    가난한 알코올 중독자의 아들로 태어나고 싶어서 태어난 사람은 없다. 불편한 신체를 소유한 채 태어난 것도, 지적 능력이 뛰어나지 못하게 태어난 것도 모두 우리 잘못이 아니다.

눈떠 보니 우리는 지구상에 육체라는 옷을 입고 누워 있었다. 이 육체는 끊임없이 먹을 것을 요구하고, 입을 것을 요구한다. 그리고 편히 쉴 수 있는 잠잘 곳도 요구한다. 모두가 빚을 갚기 위해 경쟁하는 자본주의 공동체 안에서 입을 것, 먹을 것, 잠잘 곳을 취하는 것은 결코 쉬운 일이 아니다. 세상이 마냥 평화로운 곳만은 아니라는 것이다. 우리는 정글 속 야생동물처럼 치열한 투쟁과 경쟁의 연속 속에 살고 있다.

건설 현장에서 일하는 노동자는 새벽녘 찬바람 속에서 버스에 몸을 싣고 집을 나서며, 늦은 시간에 일하는 편의점 아르바이트생은 남들 모두 잠자는 시간에 술 취한 취객을 상대하며 물건을 판매한다. 식당에서 일하는 아주머니는 오늘도 기름때 묻은 운동화를 신고 출근하며 아침 시간 지하철에는 수많은 회사원이 졸린 눈을 비비며 출근길에 오르고 있다. 가게의 사장님들도 기업의 오너들도 마찬가지다. 그들 역시 매일 매출이 오를 수 있는 방법을 연구하고 변화하는 사회의 흐름을 캐치하며 대응하기 위해 끊임없이 고군분투한다.

어릴 적 우리 집 앞 산에는 수많은 생명체가 살고 있었다. 무밭에 날아다니던 나비와 아름다운 꽃들, 연녹색의 다양한 곤충류, 비 오는 날 가끔 보이던 개구리와 도롱뇽, 혹시 마주할까 늘 무서웠던 뱀, 나의 손목을 할퀴어 평생의 흉터를 남겼던 길고양이…. 그 어떤 생명도 자신의 삶을 게을리하지 않았다. 크고 작은 생명체, 아름다운 생명체, 볼품없는 생명체, 혐오스러운 생명체 등 너나 할 것 없이 살기 위해, 생존을 위해 최선을 다하고 있었다.

우리 모두는 그렇게 최선을 다해 살아가고 있다.

| 에필로그 |

부끄러운 나의 연필

추운 겨울의 어느 날. 8살이 되던 해의 나는 여느 때와
마찬가지로 '뭐 재밌는 일 없을까?' 하며 동네 앞산을 돌
아다니고 있었다. 그러다 무언가를 열심히 먹고 있는 길
고양이를 발견했다. 그 고양이는 참 앙증맞고 귀여워서
항상 만져보고 싶었는데 매번 실패를 안겨준 얄미운 녀
석이었다. 그날도 그렇게 살금살금 그 곁으로 다가갔다.
평소 같았으면 그 고양이는 3미터 정도만 접근해도 화들
짝 놀라 달아났을 텐데, 그날은 무엇을 그렇게 맛있게 먹
고 있었는지 내가 1미터나 가까이 접근해도 눈치채지 못
했다. 나는 그저 고양이를 안을 수 있다는 생각에 심장
이 뛰었다. 고양이는 다행히도 푹신푹신한 갈대숲 속에
있었다. 살금살금 사정거리권까지 접근한 나는 몸을 날
려 그 고양이를 와락 안아 버렸다. "야옹!" 놀란 고양이는
매우 신경질적인 소리를 내며 내 품속에서 몸부림치더니
나의 오른손을 할퀴고 달아났다. 고양이가 할퀴고 간 나

의 오른손 손등엔 큰 상처가 났다. 그때 고양이의 발톱에 긁힌 흉터는 아직도 나의 손에 고스란히 남아 있다.

우리 집 앞산, 뒷산, 그리고 바다 마을은 나의 유치원과도 같았다. 그곳에서 참 많은 시간을 보냈다. 메뚜기도 많이 잡고, 참새를 잡기 위해 소쿠리 아래 쌀을 뿌려놓고 기다려보기도 하고, 떨리는 심정으로 동네 부랑자의 토굴집도 몰래 들어가 구경하기도 했다. 내 호기심을 채울 요소들은 풍부했다. 그렇게 시간을 보내고 집으로 돌아온 어느 날 엄마는 내게 초등학교에 가야 한다고 했다. 낯선 공간에서 새 친구들과 함께 공부해야 한다는 생각에 두렵기도 하고 한편으로는 설레기도 했다. 그렇게 나는 한 어촌마을의 초등학교 1학년 학생이 되었다.

어엿한 학생이 된 나는 네모난 책가방 안에 캐릭터 그

림이 인쇄된 네모난 필통을 들고 다녔다. 필통 안엔 연필, 지우개 등등의 학용품이 들어있었는데 갓 초등학생이 된 햇병아리 친구들은 쉬는 시간만 되면 삼삼오오 모여 서로의 학용품을 구경하고 동시에 자랑도 했다. 그중 최고의 인기는 단연 2단 필통이었다. 캐릭터 그림이 인쇄된 2단 필통은 뚜껑을 열면 연필을 넣을 수 있는 접이식 공간이 하나 더 생기는 구조였다. 1단 필통을 가지고 있었던 나를 포함한 일부 아이들은 이 2단 필통이 갖는 것이 소원이었고 그 필통의 소유자는 최고의 부러움의 대상이었다.

1단 필통보다 더 두껍고 컸던 그 신비로운 물건은 내가 갖기엔 너무 비싸다는 것을 어린 나이였지만 나는 본능적으로 알고 있었다. '우리 부모님은 저 필통 사줄 수 없을 거야'라는 사실을 직감한 것이다. 그래서 살 엄두도

안 냈다. 사달라고 조르는 것 자체가 부모님을 힘들게 하
는 것만 같았다.

　다른 친구들이 새로운 필통과 학용품들을 구경하며
삼매경에 빠져있을 때 나는 내가 가진 학용품 중 하나가
다른 친구들의 것과 다르다는 사실을 알아챘다. 그것은
다름 아닌 연필이었다.

　다른 친구들의 연필은 마치 똑같은 장소에서 깎은 것
처럼 같은 모양을 하고 있었다. 종이에 맞닿아 글씨를 쓸
수 있는 흑심은 짧았지만 매우 뾰족하고 깔끔하게 깎여
있었다. 하지만 내 필통 속에 있던 연필들은 달랐다. 글
씨를 쓸 수 있는 흑심이 뾰족하긴 했지만 길게 뻗어 나왔
으며 나무 부분 역시 정교하지 않고 투박했다. 누가 봐도
손으로 깎은 모양을 하고 있었던 것이다. 나는 다른 친구

들의 연필과 다른 내 연필이 부끄러웠다.

　그래서인지 글씨를 써야 하는 시간에도 필통에서 연필을 꺼낼 수가 없었다. 며칠 뒤 친구들을 통해 삼각형 모양의 연필 깎는 기계가 있다는 사실을 알게 됐다. 하교 후 부모님께 그 연필깎이를 사달라고 졸랐다. 2단 필통까지는 아니더라도 연필깎이는 반드시 갖고 싶었다. 친구들과 다른 모양을 하고 있는 내 연필이 부끄러웠기 때문이다. 나는 아주 강하게 연필깎이를 사달라고 졸랐지만 부모님은 결국 사주지 않았다. 세상에 태어나서 가난이 주는 고통을 처음 겪는 순간이었다.

　나의 아버지는 손재주가 매우 좋은 분이셨다. 나와는 다르게 글씨도 매우 반듯하게 잘 쓰셨고, 어디 가면 장인 소리를 들을 정도로 손의 감각이 매우 예민한 분이셨다.

그 예민한 손으로 아버지는 오랜 시간 날카롭게 내 연필을 깎아주셨다. 글씨를 오래 쓸 수 있도록 흑심을 길게 늘어뜨리며 정성스럽게 깎아주셨다. 나는 지금도 나를 위해 연필을 깎아주시던 아버지의 손끝이 눈에 선하다.

가난으로 학업을 잘 마치지 못하셨던 아버지는 아들만큼은 제대로 공부하기를 바라는 심정으로 오랜 시간 공을 들여 연필을 깎으셨을 것이다. 그러나 어린 시절의 나는 공들여 깎은 연필을 보며 감사해하기보다는 '나는 왜 이렇게 손으로 깎은 연필을 학교에 들고 가야 하지?'라며 원망을 더 자주 했다.

성인이 된 어느 날 TV에서 유명 화가들과 그들이 그린 그림을 소개하는 장면이 나왔다. 그때 나의 시선은 화가들의 그림이 아닌 스케치를 하기 위해 깎아 놓은 연필로

향했다. 그 연필들은 하나같이 손으로 깎여 있었다. 그 순간 아버지의 연필이 떠올랐다. 그리고 눈물이 났다. 이제는 안다. 손으로 한땀 한땀 바느질한 슈트가 공장에서 기계로 바느질한 슈트보다 몇십 배 더 가치 있고, 손으로 한땀 한땀 바느질한 가죽제품이 공장에서 기계로 바느질한 가죽제품보다 몇십 배 더 비싸게 팔린다는 사실을.

아버지께서 손수 깎아주셨던 그 연필들은 다른 친구들의 것과는 비교할 수 없는 가치를 지닌 연필이었다. 하지만 어릴 적 나의 세계관은 작은 학교 공동체 안에만 머물러 있었기에 내가 갖고 있는 귀중한 보석의 가치를 보지 못했다.

그 후 나는 살아가며 이러한 실수를 또 저지르지 않기 위해 늘 스스로를 돌아보려 노력한다. 가만히 나를 둘러싼 사람들과 공동체를 바라본다. 내가 관계 맺고 있는 사람들은 세상을 어떻게 바라보고 있는지, 나를 둘러싼 공동체는 어떤 가치를 지향하고 있는지, 내게 적용하는 규율은 무엇인지, 그 속에서 내 역할은 무엇인지 끊임없이 돌아본다. 혹시 또 귀중한 보석의 가치를 놓치고 있는 것은 아닐지, 스스로 경계하며 다양한 관점으로 세상을 바라보려고 노력한다.

이제는 나와 관계를 맺고 있는 사람들, 또는 공동체가 내게 어떤 규율을 적용하더라도 나는 내 마음속 나침반을 근거로 스스로 판단하며 주체적으로 살아간다. 우리 모두는 그렇게 자유롭게 살아갈 수 있다.

이 책을 읽는 이들에게 이 말을 전하며 글을 맺고자 한다.

"꼭 무언가를 하지 않아도, 당신은 충분히 아름답다."

나는 스스로 자존감을 결정한다

초판 1쇄 인쇄	2023년 8월 7일
초판 1쇄 발행	2023년 8월 28일

지은이	최용천

펴낸이	이상우
책임편집	송세아
편집	안소라
디자인	theambitious factory
마케팅	시절인연
제작	김소은
관리	김한다 한주연
인쇄	금비PNP

펴낸곳	도서출판 꿈공장플러스
출판등록	제 406-2017-000160호
주소	서울시 성북구 보국문로 16가길 43-20 꿈공장 1층

이메일	ceo@dreambooks.kr
홈페이지	www.dreambooks.kr
인스타그램	@dreambooks.ceo

전화번호	02-6012-2734
팩스	031-624-4527

ISBN	979-11-92134-46-8
정가	15,800원